ビジネスYouTubeで売れ!

知識ゼロから動画をつくって
販促→集客→売上アップさせる
最強のビジネス法則

YouTube戦略コンサルタント
酒井大輔

standards

はじめに

この本を手に取ってくださり、ありがとうございます。YouTube戦略コンサルタントの酒井大輔と申します。

ここ数年、YouTubeを取り入れる企業は大幅に増えました。

しかしその大半は、YouTubeでCM動画を流す企業や、ユーチューバーをまねた面白おかしい動画を流す企業です。

その映像を見た方から、実際の商品購入や問い合わせにつながっているでしょうか？

テレビを見ているとき、CMになれば携帯をさわるか、トイレに立つのが視聴者です。

CMは視聴者にとって、見たいものではありません。

好きな動画だけを選んで見られるYouTubeで自社のCMを公開しても、見てもらえないのは当たり前です。

それなのに、「うちのYouTubeチャンネルは再生回数が少ない」と嘆いている担当者や経営者の多いこと。

面白おかしく動画を撮ったり編集したりして工夫するのはわかりますが、現実に置き換えてみてください。商品紹介でふざけている企業やお店から、商品を購入しようと思うでしょうか？　決して思わないはずです。

このように、リアルに置き換えればわかることでも、YouTube運用のことになると正しい判断が働かなくなる人は多いのです。

ウェブ戦略は経営者やマーケティング担当者の仕事

ユーチューバーのまねごとに走っている企業はほとんど成果を上げられていません。

一方、YouTubeを活用して売上を何倍にも伸ばしている企業もあります。両者の違いはどこにあるのでしょうか。

まず理解しなければならないポイントは、**ウェブはリアルの延長でしかない**ということです。

マスコミなどで取り上げられている「ウェブを始めたらいきなり商品がすごく売れた！」といった事例を見て、ウェブを魔法のツールのように思っている方もいます。

しかし、マスコミは希少な事例だからこそ取り上げているのであって、現実はそう簡単にはいきません。

ウェブがリアルより優れている点は、距離と時間の制約がないこと。

この特性を自社にどう取り入れるかをマーケティング目線でしっかりと考えなければ、売上拡大などの成果にはつながりません。

また、よく勘違いされがちな点ですが、中小企業においてウェブ戦略を担うべきなのは、ウェブ担当者ではなく経営者やマーケティング担当者です。

ウェブで何ができるかを把握し、具体的な施策を実行するのはウェブ担当者ですが、**その大元となる戦略は経営者が考えなければならない**ということです。

ウェブ戦略の立案までウェブ担当者に丸投げしてしまっては、目的も方針もはっきりしないままの運用になり、当然ながら成果も上がりません。この点は十分に理解する必要があります。

ＹｏｕＴｕｂｅのビジネス活用における課題は、ＫＰＩ（Key Performance Indicator：重要業績評価指標）が定めにくいことです。

たとえば、チャンネル登録数や視聴回数がＫＰＩになると考えられるかもしれませんが、それはよく陥りがちな落とし穴といえます。今まで10年以上にわたりＹｏｕＴｕｂｅをビジネスに活用してきた私の経験上、それらの数値と「商品が売れるかどうか」は決して比例するものではないからです。

もちろん動画を見られないよりは見られたほうがいいのですが、視聴回数を上げるためにはかなりの時間とお金が必要になってきます。

経営戦略としてＹｏｕＴｕｂｅに取り組む以上、限られた時間や予算の中で、どう優先順位をつけ、どこに時間を使っていくかを考えなければなりません。

ではどのような動画を作り、ＹｏｕＴｕｂｅで公開すればいいのか。

成功の方程式は、「結果＝質×本数」です。

詳しくは後ほど説明します。

ユーチューバーのノウハウとビジネスYouTubeのノウハウは異なる

私はYouTube戦略コンサルタントになる前は、ホテルで働いていました。その後、ブライダル専門の映像会社へ転職。そして2008年、結婚を軸としたインターネット放送局「花嫁テレビ」を立ち上げ、YouTube運用をスタートしました。

当時は誰もYouTubeをビジネスに活用していない状況で、関連書籍もなく、わからないことだらけで、自分でも成果が上がるかどうか半信半疑でした。

ただ、ゼロからスタートして手探りで取り組んできたことで、独自のノウハウを蓄積でき、YouTubeのビジネス活用で実績を上げられるようになりました。

そこで自信を得た私は、コンサルタントとして独立。現在では大手企業、中小企業、公益社団法人、イベントなどのYouTubeチャンネルのコンサルティングに携わっています。

私がＹｏｕＴｕｂｅの活用を始めてから十数年。企業のＹｏｕＴｕｂｅ活用の状況はどう変わったでしょうか。実は、大企業以外のほとんどの企業にとって、状況は変わっていないのが実情です。

ここ数年でＹｏｕＴｕｂｅ関連の本が多数出版され、ＹｏｕＴｕｂｅをビジネスに利用できそうだと知られるようになってきましたが、そんな本の多くには、ユーチューバーがどう成功したとか、再生回数を伸ばす細かいテクニックばかりが書いてあります。

しかし、**ＹｏｕＴｕｂｅで再生回数を伸ばすことと、ビジネスに活用して成果を出すことには大きな差があります。**

また、ウェブに詳しい人や実績のあるユーチューバーであっても、企業にとってのＹｏｕＴｕｂｅ活用のノウハウを教えられるとは限りません。

一方、私にはそれができます。

私自身も複数のＹｏｕＴｕｂｅチャンネルを運用していますが、何万再生もされる、いわゆる〝バズる〟動画を作れるユーチューバーではありません。

もともと運用を任されたチャンネルでは、総再生回数１２００万回、チャンネル登録者数約４千人と、一定の実績を残すことができています。また自分のチャンネルを通して多数のお問い合わせをいただき、コンサルやセミナーのお仕事を受注しています。

また、私がサポートした企業のYouTubeチャンネルでも同様に、集客や求人で結果を出すことができています。

本書には、私が培ってきたYouTubeビジネス活用のノウハウや知っておくべき情報を網羅しました。次のような方々にお役に立てていただけるはずです。

・ウェブをどう経営に活用したらいいかわからない経営者の方
・現場主義の方、異動でウェブやYouTubeを任された方
・デジタルマーケティングで何をしたらいいかわからない方
・無駄な広告費を削減したい方
・ネットで物を販売してみたいが、ECのことがわからない方

YouTube戦略コンサルタントを名乗っている私ですが、昭和55生まれのアナログ人間ですし、本質的にはサービスマンなので、アナログのコミュニケーションのほうが得意です。だからこそ、同じアナログ世代の人に対してもわかりやすく、デジタルの活用方

法をお伝えできると考えています。

私のセミナーを受けた多くの経営者は、「ＹｏｕＴｕｂｅは、昭和時代の営業が役に立つってことだね」とおっしゃいます。正しくその通り。ウェブはあくまでリアルの延長線上にあるのです。

それはどういうことか？　本書を読み進めていただければわかるはずです。

本書が貴社のＹｏｕＴｕｂｅ活用における道しるべになり、経営者の方やウェブ担当者の皆さんのお役に立つことができれば幸いです。

ＹｏｕＴｕｂｅ戦略コンサルタント
酒井　大輔

第1章 なぜ企業はＹｏｕＴｕｂｅを活用するのか？

第2章 ビジネスYouTubeはじめの一歩〈準備編〉

第3章 マーケティング目線から見たYouTube運用作戦〈基本編1〉

第4章 心理学目線から見たYouTube動画の作り方〈基本編2〉

第5章

超具体的、超テクニカルYouTube これでフル活用!〈発展編〉

第1章

なぜ企業はYouTubeを活用するのか？

01 ITが苦手でも、リアルの延長で考えれば理解できる！

デジタルの世界も、リアルにたとえればわかりやすい

私と同年代の40代、あるいはもう少し上の世代のお客様と接する時、「ウェブはよくわからない」「ITが苦手」という声がよく聞かれます。

ITに対して苦手意識があるのにYouTubeの担当になってしまい、「YouTubeなんて若い人がやるもの」「アナログ人間の自分にうまくできるはずがない」などと戸惑いを感じている人も多いようです。

しかし、まったく心配する必要はありません。**ITが苦手でも、YouTubeの運用を行い、きちんと成果を上げることは可能です。**むしろITが苦手なアナログ人間のほう

がYouTubeには向いていると考えています。

「はじめに」でも説明した通り、私自身もアナログ人間であり、生まれたときからデジタル機器を使いこなしていた「デジタルネイティブ」と言われる若者世代の価値観とは、相容れないものを感じてしまいます。

そんな私が、「ITが苦手でもYouTube担当はできる」と言い切れるのは、それだけの理由があるからです。ひと言で説明すれば、**「ウェブの世界もリアルの世界と同じように考えればいい」**からです。

ウェブの世界を別世界のことのように考えていると、理解できないことばかりのように思えてしまいますが、リアルの世界の物事にたとえてみると、すんなりと理解できることは多いです。リアルの世界でのビジネスの道理がよくわかっている中高年以上のほうが、YouTube担当として成果を出しやすいかもしれません。

したがって本書でも、YouTubeの意義や活用方法を、できるだけリアルの世界の物事に置き換えて説明していきたいと考えています。

会社を伝える手段として動画が主役に

まずお伝えしたいのは、ウェブの世界で起こっている変化について。**リアルのメディアの世界でかつて起こった大きな変化が今、ウェブの世界でも起こっているということ**です。

かつてメディアの中心的な存在は、新聞や雑誌などの「文字」と「画像」をベースにした媒体でした。

その状況が変わったのは昭和30〜40年代のことです。NHKがテレビ放送を開始したのは昭和28（1953）年で、その後、民放もこれに続きました。以降テレビは徐々に一般市民の暮らしの中に浸透していきました。そして昭和39（1964）年の東京オリンピックを機にテレビの世帯普及率は大きく上がりました。

その結果、テレビはメディアの中心的存在となり、以降半世紀にわたり主役であり続けました。

企業がプロモーションを行う媒体も、かつては新聞や雑誌の広告が主でしたが、テレビの普及に伴ってテレビCMが重視されるようになりました。

この変遷と同じようなことが、ウェブの世界でも起きています。

これまでのウェブの世界では、「文字」と「画像」をベースにした情報伝達が行われていました。企業のホームページやランディングページなどにおいても、コンテンツの主体は「文字」と「画像」だったわけです。デザインに凝ったり、いろいろな技術を駆使したりしても、結局は「文字」と「画像」でした。

もちろん最近では随所に「動画」も使われるようになってはきましたが、それはあくまでもオマケ的な使い方であり、主力とはいえませんでした。

そんな状況が変わったのが、2020年です。

スマートフォンの普及、光回線の普及、5G（第5世代移動通信システム）の登場、YouTubeやNetflixなど動画サービスの普及により、いつでもどこでも動画をストレスなく見られる環境が整いました。スマートフォンやパソコンからだけでなく、テレビを利用してYouTubeを楽しむ人も増えています。

また、コロナ禍による外出自粛の影響で、自宅で過ごす人が増えたこともあり、動画配信サービスや動画共有サービスを利用する人が大幅に増加しました。ウェブ会議やオンライン飲み会など、オンラインでのコミュニケーションも日常的になりました。人々の生活行動が一気にデジタル化したのです。

Googleの調査分析サイト「Think with Google」(https://www.thinkwithgoogle.com/)の記事「月間6,500万ユーザーを超えたYouTube、2020年の国内利用実態——テレビでの利用も2倍に」によれば、2020年はYouTubeの利用者が他サービスの3倍以上に伸びたということです。そして日本における2020年9月時点のYouTube月間利用者数は6500万人超となったそうです。

18~64歳という幅広い年齢層にとってYouTubeは、「なくなったら最も寂しいプラットフォーム」となっていることがわかります。

「インターネットで動画を見る」という行動が多くの人々に定着し、動画の視聴時間は大幅に増えた。そんな大きな変化が起こったのが2020年だったということです。

昭和30~40年代にリアルの世界で起こった「文字・画像から動画(テレビ)へ」の変化と同じことが、2020年にウェブの世界で起こったのです。

リアルとWebの変化の歴史

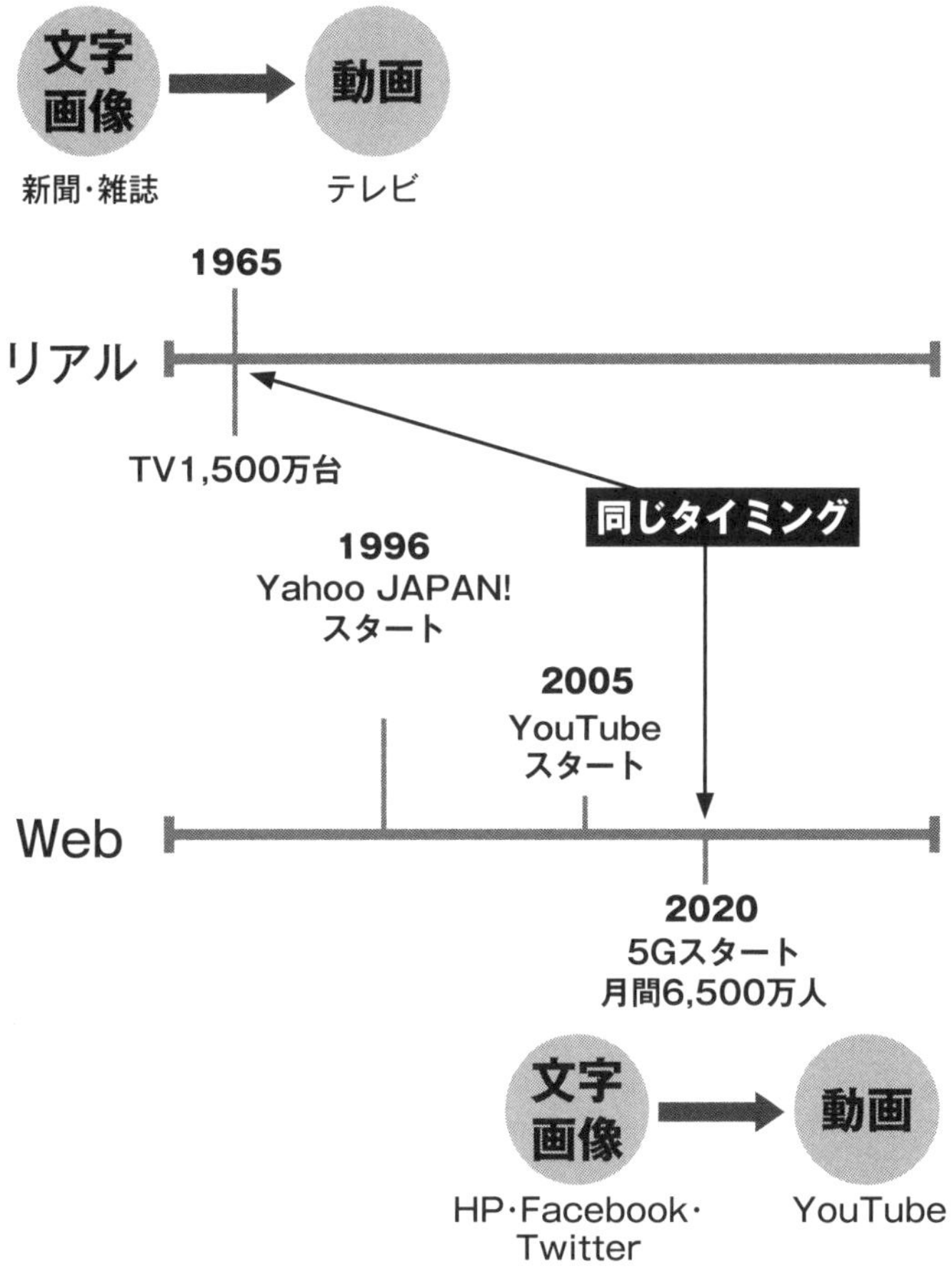

今までは昭和30年代と同じ文化だった

動画を活用してお客様と向き合う

この変化は企業にとって大きなチャンスといえます。左のページの図をご覧ください。企業にとって、お客様や外部のステークホルダー（取引先や株主などの関係者）に伝えたい情報はいろいろありますが、たとえば「商品」の内容や特徴であれば、今までは文字と画像の媒体を使ってある程度まで伝えることができました。

一方、接客の温かみや、会社自体が醸し出す雰囲気、社員とお客様が向き合うことで感じてもらえる信頼性のようなものは、文字と画像ではうまく伝えられませんでした。

しかし2020年以降、人々の情報収集の主力が動画になってからは、企業にとっても動画を使った情報伝達が十分に機能するようになりました。

動画であれば、言葉や写真だけでは伝わりづらい、接客・サービスの雰囲気や、会社の空気感・信頼感のようなものも伝えることができます。さらには、従来文字と画像だけで説明していた商品内容も、動画のほうが伝わりやすくなります。

なぜ、ビジネスにYouTube？

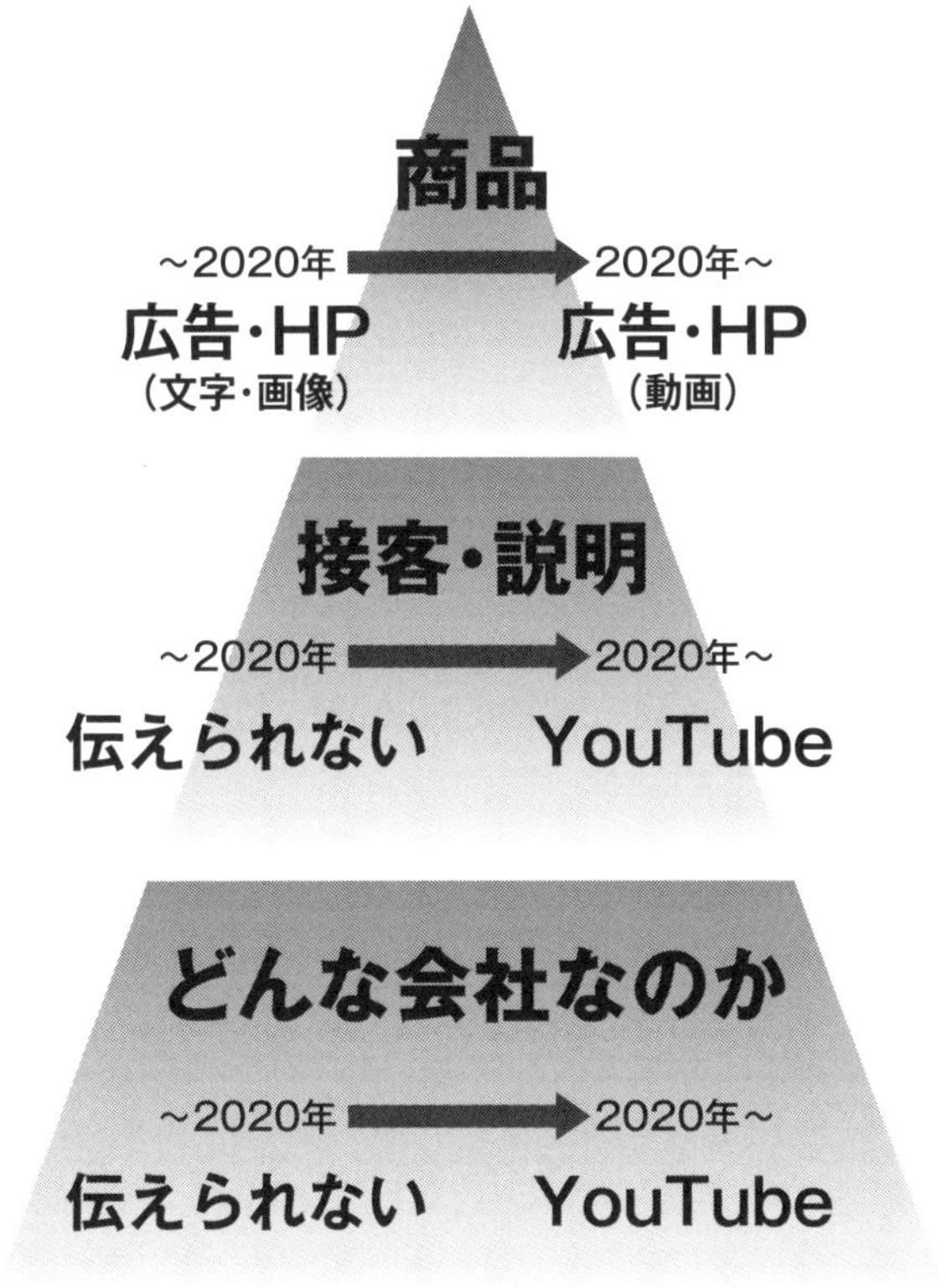

2020年以降、接客の雰囲気や会社の空気などの顧客に伝わりにくいものが、YouTube動画によって伝えられるようになった

写真で見たことがあるだけの人と、動画で話している様子を見たことのある人とでは、どちらに対して信頼感・安心感を抱くでしょうか？　当然、後者です。

であれば、企業は積極的に動画を使ってお客様と向き合っていくべきでしょう。

私はよく、「ＹｏｕＴｕｂｅの次は何がくる？」と聞かれますが、「そんなものはまだない」というのが答えです。そもそも、ＹｏｕＴｕｂｅの時代がやってきたばかりだからです。ＹｏｕＴｕｂｅはこれからどんどん人々の生活のなかに普及して伸びていくメディアです。かつてテレビが国民全体に浸透したように。

だからこそ企業はＹｏｕＴｕｂｅのビジネス活用を始めるべきなのです。

まとめ

言葉や写真では伝えられなかったものが、動画で伝えられるようになった。２０２０年以降、企業がＹｏｕＴｕｂｅをビジネス活用しない手はない。

02 YouTubeが今までビジネスで活用されていなかった理由

動画を思う存分視聴できる環境が整った

YouTubeという会社がアメリカで設立され、サービスが始まったのは2005年2月のこと。その翌年、2006年11月にYouTubeはGoogleに買収され、同社の子会社のひとつになりました。YouTubeの日本語サービスが開始されたのは2007年のことです。

そして現在YouTubeは、Googleに次いで世界で2番目にアクセスの多い検索サイトとなっています。

私が仕事でYouTubeの運営を始めたのは2008年頃のこと。

当時、YouTubeはまだまだ今ほどメジャーなサービスでもなく、当然、ビジネスに活用しているケースはほとんど見られませんでした。

しかしここ数年で、YouTubeをビジネスに活用しようという流れが一気に加速しています。関連書籍もよく目にするようになってきましたし、企業がYouTubeを上手に活用している事例がメディアに取り上げられる機会も増えてきました。


では、なぜこれまでYouTubeはビジネスに活用されていなかったのか。

その理由は、インターネット回線や端末が普及していなかったからです。

インターネットの高速化が進んだのは2000年代半ばから後半にかけて。高速・定額料金・常時接続のブロードバンドサービスとしてADSLの契約者数が増加し、さらにそれよりも速い光回線サービスも登場して、通信インフラが徐々に整備されていきました。

これに伴ってインターネットで動画を見る習慣も定着してきましたが、そのためにはまだパソコンが必要でした。日常的に、当たり前のように動画を見ることはできなかったといえるでしょう。

その状況を大きく変えたのはスマートフォンの普及です。ｉＰｈｏｎｅが日本で発売されたのは２００８年。これ以降、日本でもスマホが急速に普及していくこととなりました。ただ、あらゆる人が本格的に持つようになったのは、ここ数年のことです。

次ページのグラフは総務省の調査による「情報通信機器の世帯保有率の推移」です。２０１０年に調査項目に加えられた**スマホの保有率は急速に上昇し、２０１３年には60％を、２０１９年には80％を超えました。**スマホと同時にタブレット端末も、２０１９年時点で４割近い保有率となっています。

こうした傾向は若者だけのものではなく、シニアにも広がっています。ＮＴＴドコモ・モバイル社会研究所の「モバイル社会白書２０２０年版」によれば、シニアのスマホ所有率は、60代で約7割、70代で約5割にのぼります。また、８割以上の60～70代がスマホかタブレット端末のいずれかを所有しています。シニアもインターネットを使いこなす時代になったのです。

さらに、スマホの普及と合わせて２０２０年からは５Ｇのサービスが開始されました。また格安スマホを提供しているＭＶＮＯ事業者も増え、高速・大容量化や料金の低廉化が進みました。より速い回線で、料金を気にすることなく、動画を含むインターネット環境

情報通信機器の世帯保有率の推移

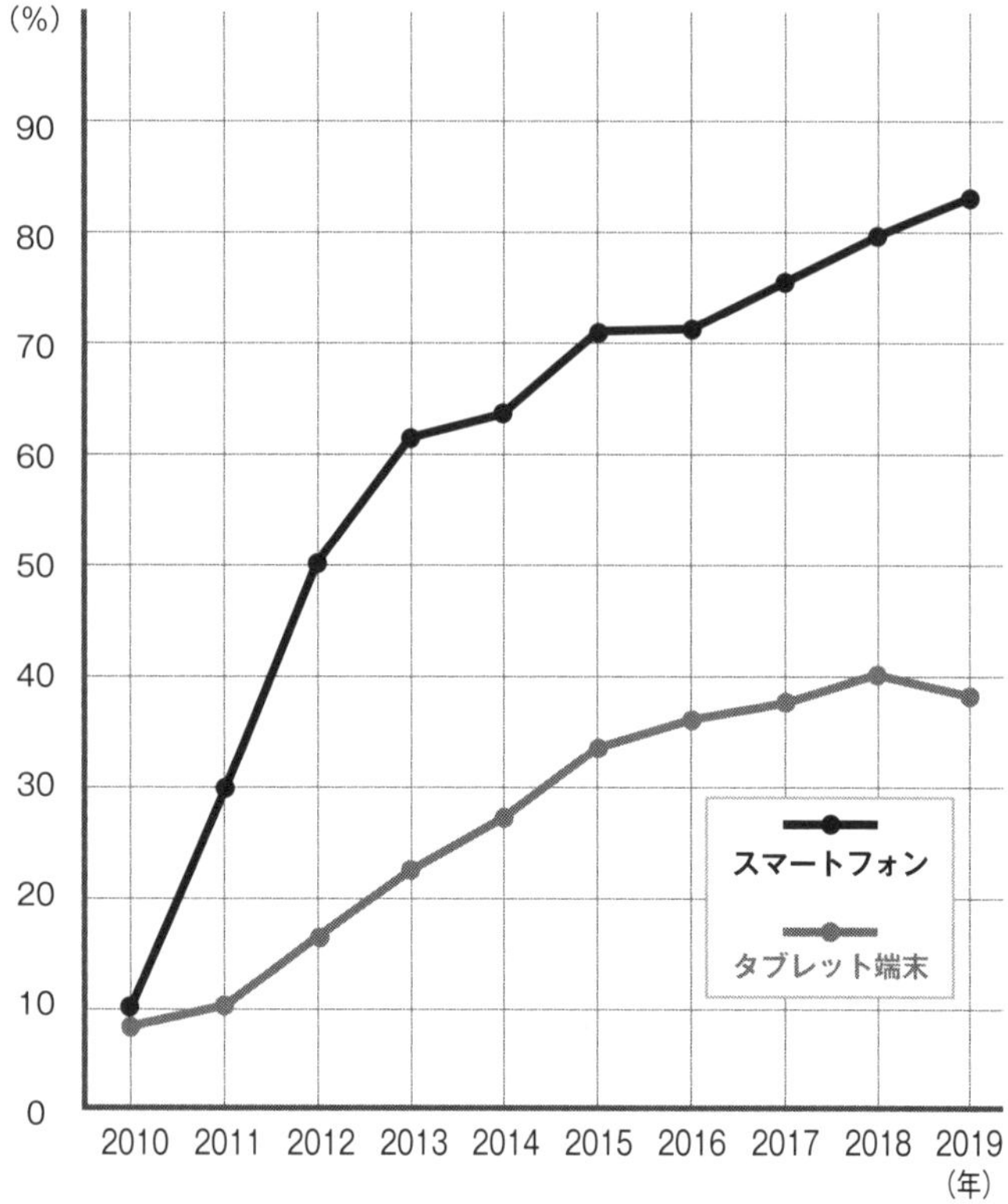

出典：総務省「通信利用動向調査」

2010年代を通して、スマホとタブレットの保有率は急速に伸びていったが利用できるようになってきたということです。

高画質動画を手軽に撮影できるようになった

スマホの普及がもたらした大きな変化はもうひとつあります。**誰もが気軽に動画を撮影できるようになった点です。**

スマホに付属しているカメラはどんどん高画質化し、4Kや8Kといった超高精細なカメラを搭載したスマホも登場しています。少し前ならプロ用機材を使わなければ撮影できなかったクオリティの動画が、スマホに付属したカメラで撮れるようになっています。おまけに編集もスマホ内のアプリで自在に行えます。

誰もが動画の撮影・編集を手軽に行える時代になったわけです。

まとめると、

○スマホやタブレット端末のあらゆる層への普及

○インターネット回線の高速化・低価格化
○動画撮影・編集のハードル低下

こうしたさまざまな変化が2010年代後半に雪崩のように起こりました。

これにより、今までも存在していたYouTubeが、一気に身近な存在になり多くの人に利用されるようになったのです。

冒頭の質問、「今までなぜビジネスにYouTubeが活用されなかったのか」に戻れば、その答えは「活用できる環境がなかったから」です。しかし今、環境は整いました。YouTubeによるコミュニケーションで、老若男女にアプローチできるようになりました。

だから今こそ企業はYouTubeを活用するべきなのです。

まとめ

ネット環境や端末の普及によって、YouTubeは身近なものになった。今やあらゆる世代や性別の境を超えて、有効なツールに進化している。

03 YouTubeで大切なのは「接客」！

YouTube運用＝ユーチューバーではない

企業がYouTube運用をする際に、よくある勘違いが、「ユーチューバーのような動画を撮って載せればいいの？」というものです。「私がユーチューバーにならなきゃいけないの？」と戸惑う人もいます。

「ユーチューバーのような」とたとえるとき、思い描くイメージは人それぞれ異なるかもしれませんが、大方の人が持っているのはテレビのバラエティ番組に出ているお笑いタレントのイメージではないでしょうか。

つまり、面白いトークをしたり、クイズやゲームに挑戦したり、グルメのレポートをしたり、ロケで街をぶらついたり……。

そんなバラエティ番組のような面白おかしい動画をＹｏｕＴｕｂｅで公開しなければ、多くの視聴者を得ることができないし、宣伝効果は得られない、というふうに考えている人はいます。

でも、それは大きな勘違いです。

確かに、バラエティ番組のような内容の動画を多数アップしているＹｏｕＴｕｂｅチャンネルは多いです。そして、そのようなチャンネルを運営しているユーチューバーが、多数の再生回数を稼ぎ、有名ユーチューバーとしてもてはやされている状況もあります。

しかし、**だからといって企業のＹｏｕＴｕｂｅ運用も同じようにやらなければならない、ということはないのです。**

バラエティ番組で紹介されても商品は売れない

これもリアルに置き換えてみればわかります。

一口にテレビ番組といっても、多種多様なものがありますよね。それがニュース、音楽、ドラマ、スポーツ、ドキュメント、バラエティなどなど、いろいろなジャンルに分かれています。

YouTubeもほとんど同じだと思ってください。

YouTubeにアップされている動画も同様にいろいろあり、ニュース、音楽、ドラマ、スポーツ、ドキュメント、バラエティなどのジャンルに分けることができます。

この多種多様な動画のうち「バラエティ」的なジャンルの動画をアップしている人を、世間一般の人はユーチューバーと認識しています。

テレビのバラエティ番組に出ている人をお笑いタレントといいますが、ユーチューバーに対して多くの人が持つイメージもそれと近いものがあります。

さて、テレビで企業の商品・サービスが紹介されたときに、問い合わせが殺到するといったことは起こりますが、その効果は番組のジャンルによって異なります。

バラエティ番組で取り上げられるのと、ドキュメント番組やニュース番組で取り上げられるのでは、どちらが効果は高いでしょうか。

それは後者です。バラエティ番組で取り上げられるよりも、ドキュメント番組やニュース番組、ビジネス系番組で取り上げられたほうが、その後の問い合わせや購買に結びつきやすいのです。

なかでもテレビ東京の『ワールド・ビジネス サテライト』『カンブリア宮殿』、NHKの『プロフェッショナル 仕事の流儀』などは最も宣伝効果の高い番組といえるでしょう。

視聴率はバラエティ番組のほうが圧倒的に高かったとしても、この傾向は同様です。バラエティ番組のお笑いタレントが面白おかしく商品・サービスを紹介したとしても、それが必ずしも購買に結びつくとは限らないのです。

そして、YouTubeについてもこれと同じことがいえます。

ユーチューバーのチャンネルのようなバラエティ番組的な動画をつくり、面白おかしく自社商品・サービスを紹介したとしても、あまり再生回数は伸びないし宣伝効果はないのです。

テレビもYouTubeも、人々がそれを見るときの目的は、大きく分けてふたつあります。

ひとつは「ひまつぶし」、もうひとつは「情報収集」です。

「バラエティ」は効果的なジャンルではない

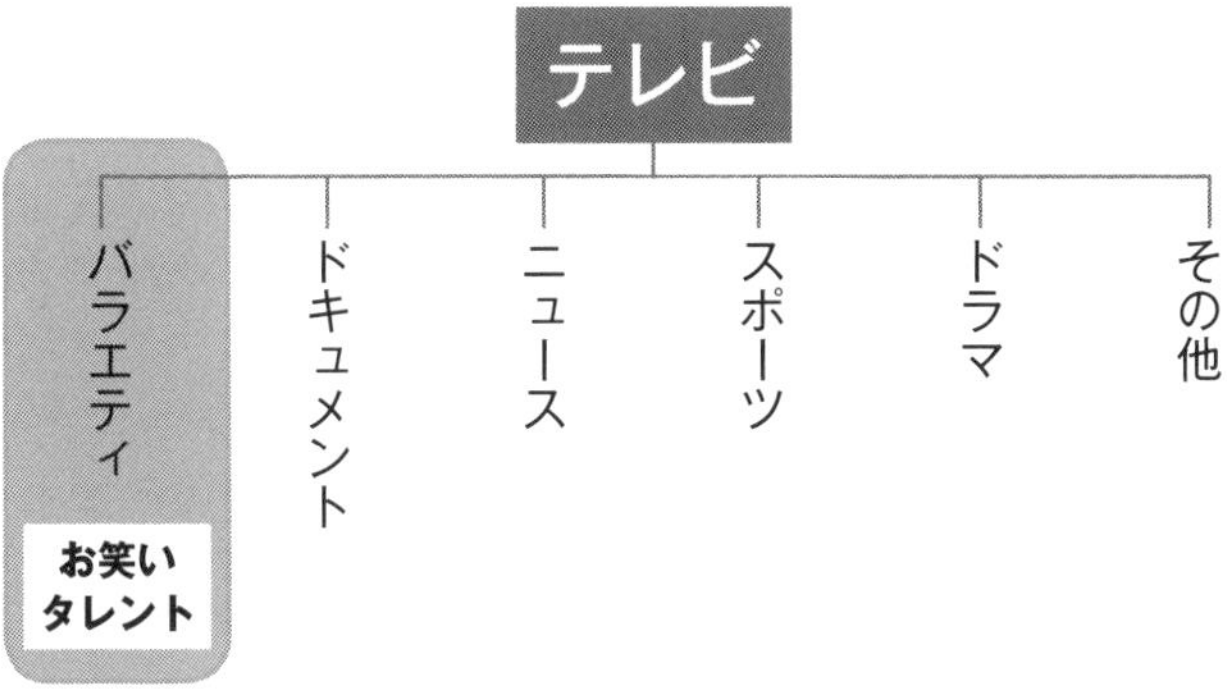

「バラエティ」ジャンルを見る人の目的は基本的に「ひまつぶし」。
だから商品・サービスの購買につながりにくい

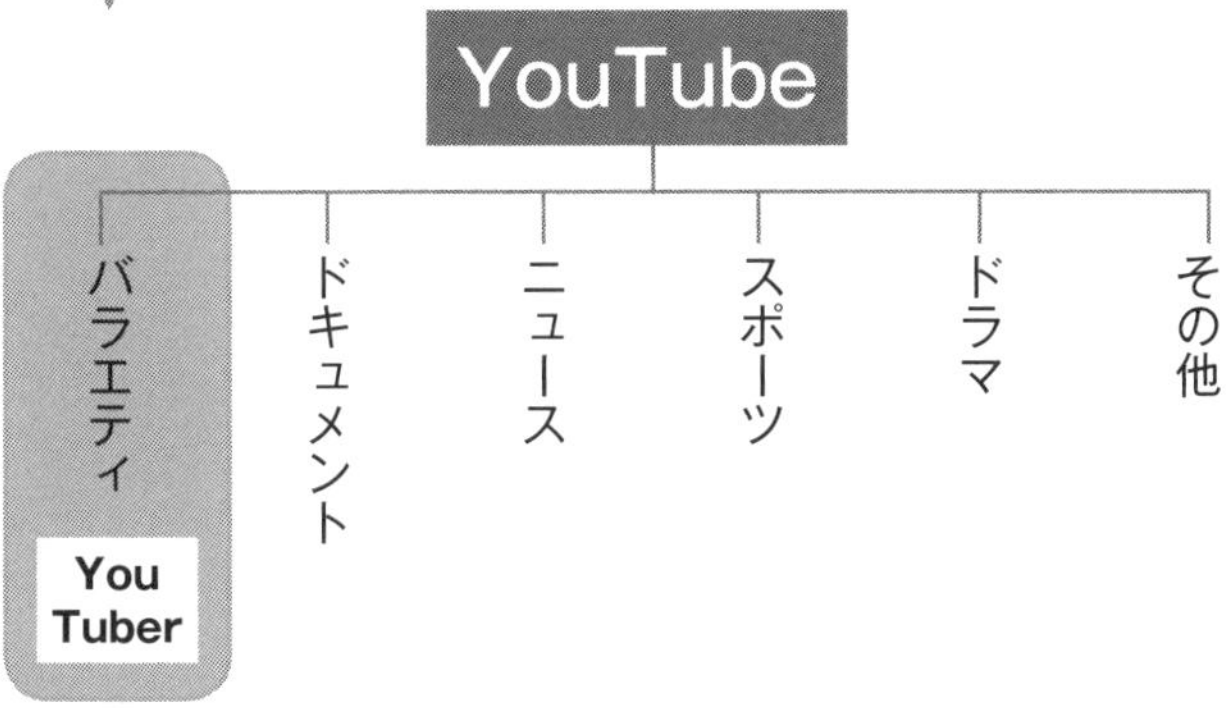

テレビのバラエティ番組や、ＹｏｕＴｕｂｅにおけるバラエティ的なチャンネルを見る人の目的は、基本的に「ひまつぶし」でしょう。

ひまつぶし目的の人が見たい動画は、単純に面白い動画であり、有益な情報を教えてくれる動画ではありません。

したがって、企業の担当者が努力をしてユーチューバーのような面白おかしい動画を作り、仮にそれがたくさんの再生回数を稼いだとしても、その企業の本来の目的である商品・サービスの売上アップにはつながらないのです。

そんなことをするよりも、自社の商品・サービスをドキュメンタリー番組やニュース番組のような視点でまじめに紹介したほうが、再生回数が少なかったとしても宣伝効果は期待できます。

企業のＹｏｕＴｕｂｅ運用を、ユーチューバーのようにやる必要がないのはこういう理由からです。

ふざけている人の説明をお客様は聞いてくれない

これを勘違いして、企業のYouTube運用なのにユーチューバーのような動画を撮ろうとしてしまうと大変危険です。

なんとか面白おかしい動画を撮ろうとして、突飛な企画や過激な行為に走ることになります。

それが本当に、テレビのお笑い番組か一流ユーチューバーの動画のように面白いものなのであれば、まだいいかもしれません。しかし、素人がそこまでのクオリティを実現することは無理でしょう。

そうなると、とても中途半端な動画になります。見ている人の目には、ただの悪ふざけ動画に映ってしまいます。

そんな悪ふざけ動画を公開している企業に対して、見た人は信頼感や安心感を抱くでしょうか。

その逆で、「この会社だいじょうぶかな？」と不安しか抱かないはずです。

これもリアルの世界で考えればすぐにわかるはずです。

あなたのところに商談に来た営業マンが、ウケを狙ってふざけた言動で商品説明をしていたらお客様はどう思うでしょうか。あなたはその商品に興味を持つどころか、不快な思いを抱くでしょう。そんな企業の商品を買おうなどと思うはずはありません。

そんなことは当たり前に理解できるのに、YouTubeの世界になると、「面白いことをしたほうがいい」「ちょっとおふざけをして再生回数を稼ごう」という発想になってしまう人が多いのが現実です。

私は、**YouTubeの動画においても大切なのは、接客の意識**だと考えています。目の前のお客様にきちんと商品や会社の内容をていねいに説明して、わかってもらおうという意識です。

それは決しておふざけなどではなく、真剣勝負です。

YouTube運用においてもその点を忘れないようにしましょう。

YouTubeで売り上げを作ることは、人を買ってもらうこと

動画で物を販売するというと、一番に思い浮かぶのはテレビショッピングです。テレビショッピングでは、MC（商品を紹介・販売する人）次第で売上が大きく変わると、「ジャパネットたかた」の高田社長も話していました。実際に「ジャパネットたかた」では、高田社長の引退後、一時的に売上が大きく落ち込みました。

ではYouTubeで商品を売りたい場合、テレビショッピングの番組のような動画を公開すればいいのでしょうか？

自社商品について、詳しい人がわかりやすく説明する動画はとても良いと思いますが、そればかりでは売れません。YouTubeは人と人のマッチングがとても強く、一方で人と物のマッチングはしづらい場だからです。

ではどうすればいいか？

人に対するファンを多く作ることが、結果的に近道になります。

私もそうなのですが、ＹｏｕＴｕｂｅに動画を多くアップしているおかげで、多くの方に動画を見ていただいています。初めて会ったときに、「昔からファンでした」と言っていただくこともよくあります。

つまり、ＹｏｕＴｕｂｅで動画を何度か視聴し、自分にとって必要になったタイミングで私に問い合わせをしてきたということです。

そのようなファンの方から連絡が来たときには、ほぼ１００％お仕事につながっています。

このように、「ＹｏｕＴｕｂｅでファンが増える」→「売上が伸びる」の流れは、なかなかイメージしづらいかもしれません。

しかし、リアルでのコミュニケーションも最初は初対面です。紹介や展示会などで見込み客と接点ができ、そこから商談を重ねて信頼関係を強くしていき、最後に受注につながるという流れは、リアルでもオンラインでもほぼ同じです。

ＹｏｕＴｕｂｅを活用することは、「接点」を広げることはもちろん、その後の基本的な信頼関係の構築も、オンラインで行うということ。しかも、お客様側がこちらの動画を見ることで、一方的・自動的に信頼関係を構築してくれるということです。

口コミの精度も、広がりも格段に上がる

皆さん、伝言ゲームをやられたことはありますでしょうか？

伝言ゲームでは、最初の人と最後の人の答えが全く違ってしまうことがよくあります。

口コミも伝言ゲームと同じですから、同じように少しずつ間違って伝わることもあります。人から聞いた話は100％正確とは限らないでしょう。

しかしビジネスにとって口コミはとても重要です。

では、口コミの精度を上げながら広げるためにどうすれば良いか？

それは、動画を用意しておくことです。

私の友人やお客様の多くが、自分の知人や取引先などに対して私を紹介してくれます。

しかしYouTubeコンサルなんて一般的ではない仕事を、私以外の人が伝言ゲーム

で話したとしても、正確に伝わることはありません。

したがって私は、「誰かに酒井大輔を紹介する場合に見せてほしい動画」を用意しています。そしてそのURLを「もしご紹介いただけるのでしたら、この動画を送ってください」と渡しているのです。

動画を見てもらった結果、「思っていた感じと違った」と言われることもありますが、それはそれで問題ありません。そのような方とは実際にお会いしても仕事につながらないはずなので、むしろ対面で会って余計な時間をとられるムダを回避できます。


また、「お客様に友達を紹介したい」とか「○○さんと○○さんを引き合わせたい」と思ったときも同じです。

そのような場合、両者のスケジュールを聞いて、場所を設けて対面させる……といったステップを踏む必要がありますが、これは結構ハードルが高いもの。スケジュール調整などを面倒に感じて、「せっかく引き合わせてもフィーリングが合わなかったら無駄骨に終わるから、やめておこう」とあきらめるケースも多くあるでしょう。

しかし紹介用の動画を用意してあれば、まずは気軽に、「この動画の会社見てみて」「興味ある？　あったら紹介するよ」という感じで気軽に感触を探ることができます。

合うか合わないかは本人に判断してもらうことができるので、紹介する側のハードルは下がります。

今まで自社の口コミを広げてくれなかった方々も、名刺代わりの動画を用意しておくだけで、紹介してくれるようになります。

まとめ

企業のYouTubeビジネスはユーチューバーとは根本的に異なる。独自の方法でファンを作り、口コミを増やし、集客につなげていく。

04 YouTubeは若者だけのものではない

子どもだけでなく、全年代が利用するYouTube

「YouTubeは子どもしか見ていないのではないか」

「うちの会社の顧客層とマッチするソーシャルメディアは他にあるのでは」

そんなふうに考えている人がいるとすれば、改めたほうがいいでしょう。

なぜYouTubeは子どもが見るものだという思い込みがあるのか。それは「小学生のなりたい職業」にユーチューバーが選ばれた影響かもしれません。

学研教育総合研究所の「小学生白書（2019年8月調査）」によれば、小学生が将来つきたい職業ランキングで、男子の1位は「ユーチューバーなどのネット配信者」でした。男女合わせた全体のランキングでも、「ユーチューバーなどのネット配信者」は2位となっています。

こうした調査結果がメディアで話題となったために、「YouTubeは子どもの見るもの」というイメージができあがったのかもしれません。

実際にYouTubeは子どもだけが見ているのかといえば、そんなことはありません。次のページのグラフをご覧ください。さまざまなソーシャルメディアの年代別の利用率を示した調査結果です。

この結果を見ると、YouTubeの全年代の利用率は76・4%と、LINEに次いで高い利用率を示しています。

ツイッターやフェイスブック、インスタグラムなどの利用率は3割程度。それに対してYouTubeは2倍以上の利用率を示しています。

子どもだけでなく、あらゆる世代にYouTubeは利用されているのです。

若い女性に人気がありそうなイメージのインスタグラムと比較しても、YouTubeの方が利用率は高いという事実があります。

シニアにとってもYouTubeは馴染みのあるサービスに

シニアにとってはどうでしょうか。下のデータを見ると、YouTubeの利用率は50代で75・2%、60代で44・8%と、かなり高い数値を示しています。

最近ではシニアもスマートフォンやタブレット端末を保有している人

アプリなどの利用率（全年代・年代別）

40代 (N=326)	50代 (N=278)	60代 (N=290)	男性 (N=758)	女性 (N=742)
89.3	86.3	67.9	85.1	88.8
33.4	28.1	9.3	41.8	35.4
35.9	33.5	12.1	33.4	32.1
32.5	30.9	9.3	31.9	43.8
4.0	4.7	2.1	4.0	4.2
3.7	1.1	0.7	2.5	1.6
3.7	2.2	1.7	5.9	2.4
1.8	0.7	1.4	3.0	2.8
5.5	6.5	2.8	11.3	13.6
81.3	75.2	44.8	79.7	73.0
12.3	14.4	5.5	20.4	14.3

（出典：総務省「令和元年度　情報通信メディアの利用時間と情報行動に関する調査報告書」）

が増えてきました。それらの端末を使ってシニアもYouTubeを見るようになってきたのです。

もともとシニア層は、テレビが大好きです。テレビの平均利用時間の年代別データを見ると、シニアになるほど利用時間が長いことが確認できます。

しかしこのコロナ禍で、テレビをつければ不安にさせるような話題ばかりになり、「見ていると気分が落ち込む」という人も増えました。

そういった人が、テレビを見る代わりにYouTubeや動画配信サービスを利用して、自分の好きな

主なソーシャルメディア系サービス／

	全世代(N=1500)	10代(N=142)	20代(N=211)	30代(N=253)
LINE	86.9	94.4	95.7	94.9
Twitter	38.7	69.0	69.7	47.8
Facebook	32.7	28.9	39.3	48.2
Instagram	37.8	63.4	64.0	48.6
mixi	4.1	1.4	6.6	5.1
GREE	2.1	1.4	4.3	1.2
Mobage	4.2	7.7	8.1	4.7
Snapchat	2.9	12.7	2.8	3.2
TikTok	1.3	47.9	20.4	12.6
YouTube	76.4	93.7	91.5	85.4
ニコニコ動画	17.4	30.3	33.2	20.6

YouTubeの利用率は全年代を通して高く、60代以上の利用者も多い

時間に好きな動画を見るようになっているのではないでしょうか。

今後も、シニア層のＹｏｕＴｕｂｅ利用率は上がっていくのではないかと予測しています。

テレビからYouTubeへの流れは徐々に進んでいる

すでにコロナ前から「テレビ離れ」の兆候は現れています。

左のグラフをご覧ください。総務省が情報通信メディアの利用時間を調べたものです。

平成30（２０１８）年まではすべての年代でテレビ系動画の視聴時間が多かったのが、令和元年（２０１９）年で初めて、10代でネット系動画視聴時間がテレビ系動画の視聴時間より多くなりました。

「若者のテレビ離れ」はデータにも表れているということ。この状況が今後は他の年代にも広がっていくのではないでしょうか。

動画系メディアの年代別利用時間

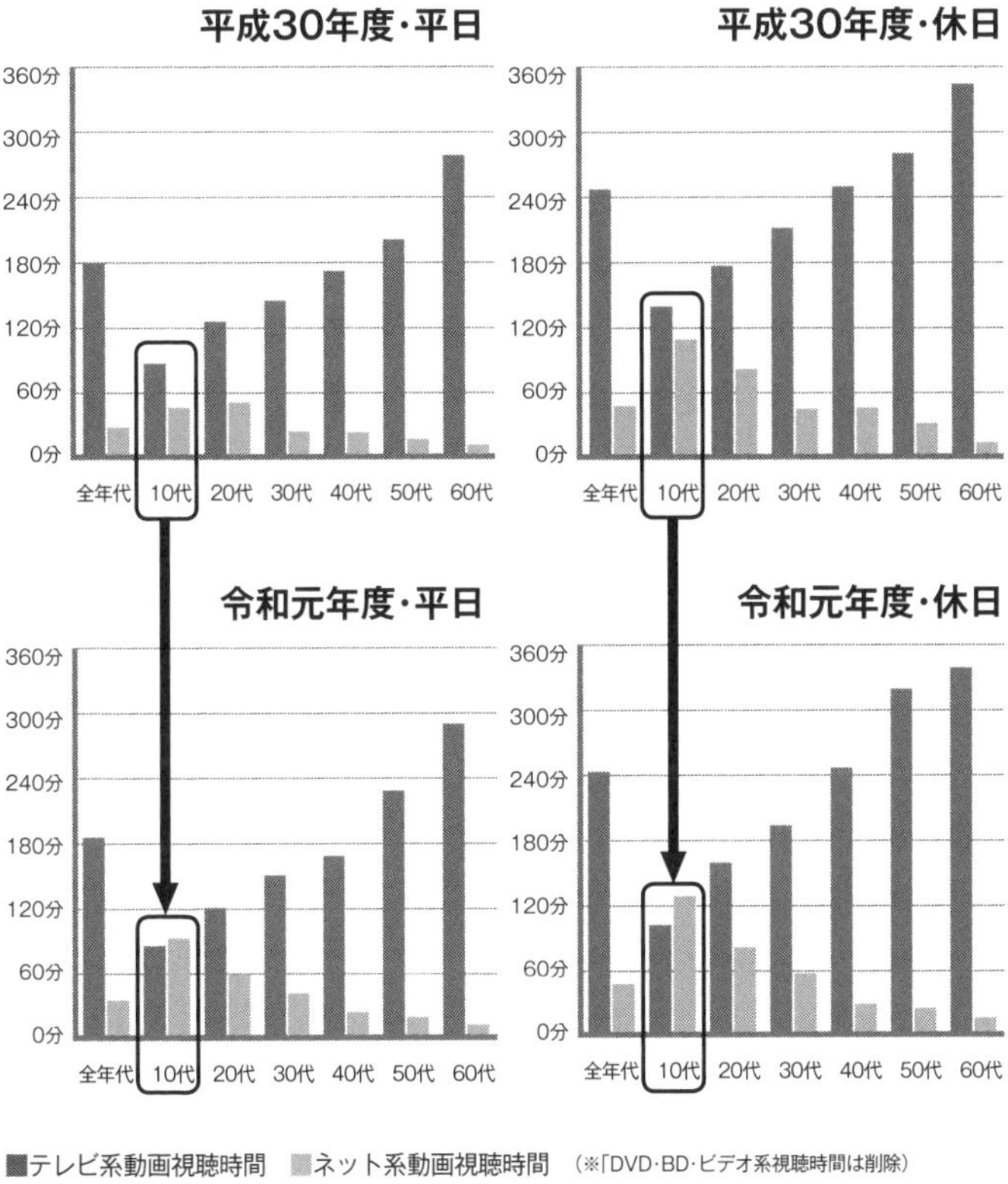

令和元年度から10代では「ネット系動画視聴時間」が「テレビ系動画視聴時間」を逆転した（出典：総務省「令和元年度　情報通信メディアの利用時間と情報行動に関する調査」）

企業のソーシャルメディア活用は利用者の多いサービスで

企業でソーシャルメディア活用をするとき、「盛り上がっているからインスタグラム」「流行っているからＴｉｋＴｏｋ」などと、取り組むサービスを安易に決めてしまうケースはあります。

しかし、先ほど紹介したような調査データを見れば、全年代に対して商品を売りたい時には、利用率が圧倒的に高くかつ市場として伸び盛りのネット動画、特にＹｏｕＴｕｂｅにまず取り組んだほうがいいことがおわかりになるはずです。

このような無料で公開されているデータも確認せずに、「流行っているから」「話題になっているから」とソーシャルメディア活用をスタートしてしまっては、失敗する可能性が高くなります。

また、私自身も最近までは、「若者はツイッターを活用しているし、ＬＩＮＥも、もちろん使っている」という認識でしたが、直接大学生に聞くとそうでもない状況がわかります。「Twitterはやめた」「LINEは親との連絡でしか使わない」という学生が増えています。基本的にSNSといえば「インスタ」であり、友だちとのやり取りも、インスタのメッセージ機能を使うという流れになっているそうです。

過去のデータだけではなく、実際のターゲットに直接聞くこともとても大切です。

ソーシャルメディア運用はほぼ無料でスタートできますが、業務の一環としてやる以上、人件費などのコストは確実にかかることになります。そのため、かかったコストを回収できるだけの成果を上げることが大切です。

きちんと成果を上げようと思ったら、安易な理由ではなく、きちんとした根拠に基づいて、自社のターゲット層がより多く活用しているソーシャルメディアを選ぶべきでしょう。

まとめ

子供や若年層だけでなくシニア層にまでYouTubeは浸透している。全年代に販促できるソーシャルメディアとしても圧倒的におすすめ。

05 YouTubeは24時間365日開催されている展示会会場

YouTubeは展示会代わりになる

YouTubeによる情報発信をリアルのマーケティング施策にたとえるなら、展示会への出展が近いと考えています。

企業は、商品・サービスあるいは企業自体をアピールするために、または営業案件の獲得、既存顧客との関係向上のために展示会に出展します。一方の参加者は、業務に役立つ製品やサービスの情報を仕入れるために展示会に参加しています。

両者の思惑がマッチングすれば、企業同士のつながりができるだけでなく、実際に購入にまで至ることもあります。

これはそのままYouTube上でも再現可能です。展示会に出展した企業の担当者がやることといえば、お客様への説明ですよね。自社商品やサービスの特徴や強み、導入メリットなどを説明します。また、お客様から質問があればそれに対して答えます。

こういったひと通りの説明や、よくある質問と答えを、動画に撮ってYouTubeに載せておけばいいわけです。

YouTubeを活用した展示会営業のいいところは、たくさんあります。

まず、**24時間365日いつでも見てもらえる点です。**

コロナ禍ではリアルの会場で行う展示会は軒並み中止になりました。しかし、展示会を貴重な商談や情報収集の場としている企業はたくさんあります。

YouTubeであれば対面でコミュニケーションを取ることがないので、感染症対策に注意を払うことなく、時間や場所を問わず、営業活動を行えます。

しかも、リアルの展示会では1人の担当者が説明できる回数・時間には限りがありますが、YouTubeなら1回撮影するだけで、あとは繰り返し動画が説明してくれます。

展示会では1人の担当者が1日で何百人もの来場者に対応することもありますが、Yo

uTubeならその労力が1回動画を撮るだけで済むのでとても楽です。

展示会に配置する担当者のレベルはいろいろですが、YouTubeに出すなら、一番説明の上手な（成約率の高い）担当者だけを使えばいいでしょう。**ナンバーワン営業マンのコピーロボットが、無料で何千回も何万回も自動で説明してくれる、それがYouTubeの良さ**です。

「YouTubeがそのまま展示会代わりになるわけではない」

ただし、YouTubeを展示会代わりに使う場合にはいくつか注意点があります。

動画撮影に慣れるまでは少々大変ということ。最初のうちはなかなか感覚が掴めず、何回も取り直すことになるかもしれません。

しかしこれも、繰り返すうちに慣れます。コツは、お客様を目の前にして話すように、自然な感じでしゃべることです。その方が動画ではいい印象を与えられます。

もうひとつの注意点は、当然ながらYouTube上で視聴者と名刺交換ができないこと。リード（見込み客の情報）を獲得することができません。

ただ「コメント」欄を使って質問に回答することは可能ですし、「概要」欄に自社のホームページへのリンクを貼るなど導線をつくっておけば、リードの獲得も可能になります。

高額商品については特に、YouTubeで興味を持ってもらった後で、問い合わせを受け、実際に会ってコミュニケーションを重ねクロージングまで持っていく、といった流れを設計しておく必要があるでしょう。

さらにもうひとつ留意したいのは、ターゲットとしている層が必ずしもYouTubeを見ているわけではないことです。

「展示会で情報収集はするけれど、YouTubeは見ない」人もいます。そういった人も取り込むために、YouTubeだけでなくホームページをきちんと作り込んだり、展示会など他のマーケティング施策も併用したり、といった戦略が必要です。

まとめ

YouTubeでは24時間365日の展示会営業ができる。リアルな展示会と相違はあっても別の方法でフォロー可能。

06 YouTubeが拡散されやすいのは「関連動画」と「おすすめ」があるから

三大流入経路とは？

YouTubeチャンネルを作り、動画をアップロードすることがなぜ企業のプロモーションに有効なのか。その理由は、YouTubeには**「三大流入経路」**があり動画が拡散されやすい仕組みがあるからです。

「三大流入経路」とは、

- **おすすめ（ブラウジング機能）**
- **検索結果**

YouTubeの三大流入経路

「おすすめ」「検索結果」「関連動画」の3つの経路から、お目当ての動画にたどりつく

・関連動画

の3つです。これらの3つの経路で、ユーザーはあなたの会社の動画にたどり着くということです。

まず「おすすめ」ですが、これはYouTubeを開いたときのトップページに表示されている動画のことを指します。ユーザーが登録しているチャンネルの最新動画や、これまで見た動画と関連する動画などが、オススメとして提案されています。

次に「検索」ですが、これはユーザーがYouTubeで何らかのキーワードを使った検索したときに、そのキーワードに当てはまる動画が一覧で表示される仕組みです。

「関連動画」は、いま見ている動画と関連性の高い動画のこと。画面の右側に縦一列で表示されています。

このように、「検索」だけでなく「おすすめ」や「関連動画」があるからこそ、ユーザーは次々とクリックして、ついつい連続で動画を視聴してしまいます。YouTubeでは、ユーザーが自らの意志で検索しなくとも、視聴傾向にマッチした動画にアクセスしやすくなる仕組みができているのです。

一方、企業が通常のホームページでプロモーションする場合はどうでしょうか。

お金を使って広告を出す以外は、Googleの検索結果の上位に自社のホームページを表示させることが、最大の流入経路です。

そのためにはSEO対策が必要です。SEO対策は専門の業者が高い料金を取ってサービスを提供しているくらいですから、簡単ではありません。

「Google検索から自社のホームページへ流入させる」よりも、「YouTubeの三大流入経路から、自社の動画へ流入させる」ほうがハードルは低いといえるのです。

そして、**YouTubeが考える「いい動画」「役に立つ動画」は、YouTubeが積極的に「おすすめ」や「関連動画」に表示して拡散してくれます。**YouTubeの動画をアップロードすることは、情報が拡散されやすい仕組みを利用することになるのです。

だからこそ、実際に自社の動画を拡散するためには、「おすすめ」や「関連動画」に掲載されやすい動画を投稿する必要があります。

ＹｏｕＴｕｂｅは世界2位の検索サイトでもある

今説明したのは、ＹｏｕＴｕｂｅ内でのユーザーの流入経路のお話でしたが、もうひとつ忘れてはならないのは、外部からのＹｏｕＴｕｂｅへの流入経路です。

外部サイトからの流入経路として最も大きなものは、Ｇｏｏｇｌｅ検索です。

説明するまでもないかもしれませんが、ＹｏｕＴｕｂｅはＧｏｏｇｌｅの子会社です。Ｇｏｏｇｌｅの幅広いサービスのうちのひとつがＹｏｕＴｕｂｅと言ってもいいでしょう。

そのため、Ｇｏｏｇｌｅで何らかのキーワードを入力して検索すると、その検索結果の上位にはＹｏｕＴｕｂｅの動画が表示されることがよくあります。

Ｇｏｏｇｌｅ検索もＹｏｕＴｕｂｅへの流入経路として非常に大きい位置を占めているということです。

ＹｏｕＴｕｂｅ内の検索のみならず、Ｇｏｏｇｌｅでの検索にもＹｏｕＴｕｂｅの動画は強いということ。ＹｏｕＴｕｂｅを自社のマーケティングに導入し、動画ＳＥＯをきち

Googleの検索画面の
トップに動画が表示される

GoogleとYouTubeは同じ会社のサービスだけに、Google検索ではYouTube動画が上位に来やすい

んと行えば、ウェブサイト自体のSEOにも効果があります。
なお、世界1位の検索サイトはGoogleですが、世界2位の検索サイトはどこでしょうか？

お察しの通り、YouTubeです。YouTubeは「動画共有サイト」と言われることもありますが、「動画検索サイト」でもあるのです。

現代のインターネットの世界の覇者はいうまでもなくGoogleです。Googleがインターネット界のルールを決めているといっても過言ではありません。

そのGoogleが運営しているのがYouTubeです。

したがって、**GoogleやYouTubeが評価してくれる動画を作ることが、自社の情報を拡散しやすくするための鉄則です。**

実際にどんな動画を作ればいいのかについては、第2章から説明していきます。

まとめ

SEO対策は三大流通経路から自社の動画に流入させるのがベスト。
YouTube動画そのものへの導線にはGoogleを活用。

07 炎上対策にはファンづくりが一番！

炎上を心配するほど動画は再生されない

「YouTubeなんてやって炎上が心配です」

企業のYouTube担当者からよく相談を受けることのひとつです。

YouTubeやソーシャルメディアに関しては、炎上がよく話題に上ります。不用意な動画やコメントをアップした結果、非難や批判が殺到してしまい、謝罪に追い込まれるといった話題をよく目にします。

企業活動の一環としてYouTubeに取り組む以上、イメージダウンにつながる炎上を気にするお気持ちもよくわかります。

しかし、結論から先に言ってしまえば、**「炎上なんてしません」**。

ウェブが炎上しやすいのは拡散されやすいからなのですが、そもそも悪いこと（不祥事やモラル違反）をしなければ炎上はしません。

それに炎上するほど動画が見られることもありません。といってしまうと身も蓋もないのですが、これは事実です。

ＹｏｕＴｕｂｅ運用を始めて、動画をアップロードすると再生回数が気になってしまいますが、最初のうちは、動画再生回数はまったく伸びません。「もしかして非公開になっているんじゃないか？」などと疑ってしまうほどです。

ほとんど見られていないのだから、炎上するなんてこともありません。心配しないでください。

炎上なんて気にせずに、まずは再生回数を増やすために、多くの動画をアップロードすることに力を入れるべきでしょう。

ファンづくりが炎上対策につながる

もう一点重要なことは、**企業は情報公開を積極的にすればするほど叩かれにくくなる**ということです。

炎上でよくあるケースは、不祥事や批判される出来事が起こった場合に、十分に情報公開をしないでうやむやにしようとするケースです。

芸能人の不祥事などでもよくありますよね。「不祥事を起こしておいて会見もしない」という選択をした結果、さらに多くの人に不信感を抱かせることとなり、火に油を注ぐかのように炎上が広がってしまうケースが。

これに対応するには、積極的に情報を発信するしかありません。つまり、普段からYouTubeで動画をたくさん公開して、自社の考えや事業の内容を伝えようとしつづけることです。

YouTubeにかかわらず積極的な情報発信をし続ける企業ほど、炎上しにくくなります。

トヨタ自動車の例を思い浮かべるとわかりやすいでしょう。

トヨタは2009年にアメリカで起こした品質問題で、大規模なリコールを発生させました。

豊田章男社長がアメリカの公聴会に呼ばれて事情聴取される姿がニュースで流されるなど、トヨタに対するネガティブな報道が繰り返され、世間の目も冷たくなりました。

当時、豊田章男社長をかばう声はあまり聞かれなかったように思います。

では現在のトヨタはどうでしょうか。

トヨタは2019年から、オウンドメディアの「トヨタイムズ」をスタートさせ、ウェブサイトとYouTubeで自社の情報を大量に発信しています。

そのなかでは豊田章男社長もたびたび登場し、インタビューに答えたり、自身の趣味であるカーレース企画に参加したりしています。

このような活動を通じて、世間からの豊田章男社長のイメージは大幅にアップしました。

大量の情報発信を通じてトヨタファンはもちろん、豊田社長ファンをつくることに成功したのです。

こうなると、世間からはなかなか叩かれにくくなります。

もちろん、情報発信による知名度向上に合わせて一定のアンチ（批判者、反対者）も出てきますが、圧倒的にファンの方が多いので、何か問題が生じてもファンが火消し役に回ってくれるでしょう。

YouTubeで多数動画を公開し、ファンを増やすことは、それそのものが炎上対策になるということです。

なぜこのような効果が生まれるのか。それは、「人は顔が見える相手を批判しにくいから」です。

顔が見えない相手、よく知らない相手のことは、好き勝手に批判できますよね。

しかし、一度顔を合わせて好意を持った相手や知り合いになった相手のことは、批判しにくく感じるようになります。それが何度も顔を合わせればなおさら、悪いことは言えなくなります。

これと同じように、YouTubeで繰り返し見ている相手のことも、本当は直接会っていなくても、よく知っている間柄のような気持ちになってしまい、批判しにくくなるのです。

だからこそ、YouTubeで積極的に社員や社長が「顔出し」で情報を公開して、多くの人に知ってもらい、ファンになってもらうための取り組みが欠かせないというわけです。

ウソをつかずにありのままの姿を見せる

ファンづくりをするうえで大事なことは、何でしょうか。

そもそも不祥事やコンプライアンスに反する言動をしないというのが大前提ですが、**そのうえで大事なことは、情報を包み隠さず正直に伝えることです。**

たとえばYouTubeの動画で、小ぎれいな格好をした社員が、立て板に水のような説明で耳障りのいいことばかりを話していると、なんとなく「うさんくささ」が出てしまいます。

一方、たとえしゃべりは上手でなくとも、ひとつひとつていねいにありのままに語っている動画からは、まじめで実直な企業姿勢が感じ取れて好印象を抱きます。

仮に何か炎上につながるような問題を起こしたとしても、YouTubeを使ってウソやごまかしをせずにきちんと説明すれば、反省の態度はきちんと伝わり、炎上は速やかに収まるはずです。

YouTubeによる情報発信は、そもそも炎上させにくいものであり、炎上を収める役割も果たすということです。

まとめ

はじめてのYouTubeビジネスで炎上することはほとんどない。積極的に情報公開をしてファンを作ることで炎上の心配はなくなる。

08 企業の社風や雰囲気は文字ではなく動画だからこそ伝わる

社長がしゃべる動画で伝わるものはある

第1章の最後に、改めてYouTubeを活用する意義を考えてみます。

企業がYouTubeを活用することで得られる大きな効果は、企業の社風や雰囲気、価値観が伝えられることだと考えています。

多くの企業では、ホームページに企業理念やビジョンといった自社の価値観を表す情報を掲載しています。

しかし、そのほとんどは文字と画像だけの情報です。ホームページを訪れた人が情報として理解できたとしても、その根底にある社風や雰囲気まではなかなか感じ取ることはできません。

一方、**動画であるYouTubeを使えば、そのような社風や雰囲気まで伝えることができます。**

社風を伝えるためにYouTubeを活用するなら、格好よく作ったプロモーションビデオではなく、社長や社員が自分の言葉で商品・サービスを紹介する動画や、ありのままに会社の情報を伝える動画を公開するべきでしょう。

企業のホームページによくある「社長あいさつ」を想像してみてください。

そこには、スーツを着てまじめな社長の写真が掲載され、我が社のビジョンやミッションなどが説明されています。

それも確かに大切なことではあるのですが、読み手としてはあまり興味をそそるコンテンツではありませんし、言っている内容もきれい事だけのように思えてしまいます。社長の人柄も、その写真と文章だけではよくわかりません。

しかし、社長がしゃべっている動画をYouTubeで流せばどうでしょうか。

「社長はこんな人なんだ」「話に説得力があるな」「パッと見は強面だけど意外と愛嬌が

あるな」というように、社長の人柄がよくわかります。それはすなわち、会社の社風や性格をイメージ付けることにもつながります。

人は相手が話している様子で信用できるかどうかを見極める

YouTube動画に社長や社員が顔出しで登場することは、顧客（または見込み顧客）からの信頼を強化することにもつながります。

数百円や数千円といった低価格の商品なら、それを売っている企業の信頼性などはあまり気にせずに買ってしまうことは多いですよね。

しかしこれが、数十万円、数百万円、数千万円というレベルの買い物になると、お客様は、その商品を売っている会社が信頼に値するのか、営業マンは信頼に値するのかを慎重に見極めるようになります。

1回だけでなく継続的に購入するような取引においても、相手企業を信頼しなければ商談を進めることはできません。

では、ビジネスにおいて相手が信頼できるかどうかを見極めるポイントはどこか。

それにはいくつかの要素があると思いますが、ひとつの大きなポイントは、担当者のたたずまいや話し方など、言葉からは感じ取れない雰囲気です。

話す内容はもちろん、話す様子や見た目から発せられる全体の雰囲気を感じ取って、「こいつは信頼できるかも」という印象を持つのです。

1分間の動画には、文字にして180万語分の情報があるとも言われています。文字と画像では伝わらない非言語要素も動画なら伝えることが可能です。

あなたの会社のYouTube動画を見た人に、「この会社とは合わないな」「なんとなくうさんくさい」と思われてしまう可能性もあるかもしれませんが、それは対面でのコミュニケーションにおいても存在するリスクです。

そのような小さなリスクを避けるためにYouTubeビジネスを行わないと判断することもひとつの考え方でしょう。

しかし、YouTubeビジネスを行わないことで生じるリスクもたくさんあります。

ＹｏｕＴｕｂｅをやっていれば得られたはずのたくさんのメリットを享受できないというリスクです。

会社全体で考えれば、現時点ではＹｏｕＴｕｂｅをやらないリスクのほうが大きいのではないでしょうか。

自社とお客様との距離を近づけるためにぜひＹｏｕＴｕｂｅ活用を始めましょう。

まとめ

動画では文字や画像だけでは伝えられないものが伝えられる。

ＹｏｕＴｕｂｅを徹底活用して顧客の信頼を勝ち取っていこう。

第 2 章

ビジネス YouTube はじめの一歩 〈準備編〉

01 運用でうまくいかなくなる最大の原因は社内にあり！

目的を定めてYouTubeを運用する

第2章では、YouTubeのビジネス活用をする際に必要な準備について説明していきます。

YouTubeのビジネス活用をスタートするうえで、最初にやらなければいけないことは何でしょうか。どんな動画を使うか、誰が担当者になるか、どれくらいのコストをかけるか……いろいろありますが、**最初にやるべきは目的を定めることです。**

自社が発信する動画が誰をターゲットとしているのか、そのターゲットに対して何をどう伝え、最終的にどのような行動を取ってほしいのか。5W1Hでゴールを決めることです。そこを明確にしていないと、作る動画の内容が目的とマッチしないものになってしまいます。

たとえば、マーケティングの一環としてYouTube運用を始めるのなら、「ターゲットである顧客層に、自社の商品・サービスに対して興味を持ってもらい、ホームページからの問い合わせに結びつける。目標とする問い合わせ件数は月に10件」といった目標になるかもしれません。

あるいは新卒採用活動の一環としてYouTubeを活用するなら、「会社の業務内容やカルチャー、職場のイメージなどを学生に伝えて、就職説明会にかける時間を減らすと同時に、会社と学生のミスマッチをなくす」といった目的を設定するのもいいでしょう。

そんなふうにYouTubeを使う目的を設定できれば、どんな動画を作るべきかが自ずとわかってきます。

たとえば採用目的なら、4K品質でミュージシャンのプロモーションビデオのような格好いい動画を撮ってもあまり意味がない。撮影機材はスマホのカメラでもいいから、社員同士が仲良くわいわいとやっているような普段の姿を映した動画のほうが、この会社は雰囲気がよさそう」と思ってもらうことができ、効果があるわけです。

「最大の敵は社内」の理由

YouTubeを始める目的をきちんと明確にし、それを社長や担当役員などと共有しておかないと、運用段階で非常に面倒なことが起こってきます。

よくあるのが、他の社員によってYouTube運用業務がじゃまされてしまうこと。

企業におけるYouTubeチャンネルの運用という比較的新しい取り組みについて、これをやっておけばいいという王道が決まっているわけではありません。

一方、YouTubeそのものは多くの人に利用されているため、それぞれの人が自分なりのYouTubeに対する見解やイメージを持っています。だからこそ、口を挟みたくなるのです。

企業でYouTube運用を始めると、「ブランド力の向上につながるような、クオリティの高い動画を撮らないと」「ユーチューバーみたいな面白い動画を作ってみれば?」「もっと再生回数を増やさないと意味がないだろう」などと好き勝手な意見や批判が上がってくることがありますが、そういったものはすべて目的を理解していない外野の人の意見です。

目的がしっかりとしていれば、「特定のユーザーだけをターゲットに運営しているのだから、現段階では再生回数は気にしていません」「学生に会社の雰囲気を伝えるためのYouTubeなので、動画のクオリティは求めていません」といったように自信を持って説明できますし、それで納得してもらえるはずです。

これはYouTubeに限らず、他のソーシャルメディア運用を始める際にも言えること。企業が事業活動の一環としてソーシャルメディア運用に取り組む以上、どこをゴールにするのか決めて、社内でそれを共有することが大事なのです。

まとめ

YouTubeビジネスの第一歩は、目的を定めること。外野の意見に惑わされないようにゴールを決めて共有しよう。

02

ソーシャルメディア運用で大切なのは「距離感の演出」

アイドルとファンの距離感は時代に応じて変わってきた

YouTubeに公開する動画を作成するうえで、必ず知っておいていただきたいことがあります。

それは、**ユーザーとの「距離感の演出が大事」ということです。**

アイドルの変遷にたとえるとわかりやすいでしょう。

突然ですが、あなたにとってのアイドルは誰ですか？

ピンクレディー、松田聖子、嵐、それともAKB48……いろいろな答えが返ってくるはずです。それぞれの時代に、アイドルと呼ばれる人たちはいます。

その特徴もスタイルもさまざまですが、アイドルに上り詰めた人たちに共通していることは何かといえば、「ファンとの距離感の演出が上手」ということです。

たとえば昭和のアイドルは、まさに偶像と呼べるような神格化された存在でした。異性との交際なんてしないし、トイレも行かない、食事だって取っているのかどうかわからない……というように私生活は完全にベールに包まれていました。それがまたアイドルの魅力を高めていました。

当時のアイドルは一般のファンとは住む世界が違う、憧れの存在でした。それは当時のファンが神格化されたアイドル像を求めていたからなのでしょう。

ひるがえって現代のアイドルはどうでしょうか。

たとえば少し前までアイドル界の頂点にいたＡＫＢ48。彼女たちのキャッチフレーズは、「会いに行けるアイドル」。

ライブハウスに行けば間近でパフォーマンスを見ることができるし、ＣＤに付いている握手券を買えば握手もできて直接話もできる。

昭和時代とは、距離感が大きく異なります。アイドルがファンにとって非常に身近な存在となりました。

そして最近のアイドルの一角が、ユーチューバーです。

現在のユーチューバーはアイドルと同じように、ライブを行ったりファンミーティングを行ったりして、ファンとの交流を図っています。

ファンにとって彼らはどのような存在かというと、「近所のお兄ちゃん、お姉ちゃん」です。つまり、今まで以上にグッと距離感が近づいたということです。

実際に若者に人気のあるユーチューバーの動画を見てみると、「近所のお兄ちゃん、お姉ちゃん」的な親しみやすさを出している様子がわかります。もちろん、現代のファンの感覚に合わせて、あえてそのような演出をしているのです。

この距離感に気が付いていない芸能人は、ＹｏｕＴｕｂｅに進出しても苦労することになります。テレビ全盛の時代と同じように「芸能人＝雲の上の存在」として君臨していては、ＹｏｕＴｕｂｅのユーザーは振り向いてくれません。「隣のお兄ちゃんお姉ちゃん」という雰囲気を出し、距離を詰めていかないといけないのです。

アイドルと一般人の距離感の移り変わり

昭和→平成→令和とアイドルと一般人の距離感は縮まってきている

企業のマーケティングも距離感が大切

このような距離感のつくり方は、企業がマーケティングをするうえでも非常に参考になります。

これがわかっていないと、現代においても相変わらず昭和時代と同じような距離感のマーケティングを行ってしまうことになります。

たとえば結婚式場なら、ターゲットとなるお客様は20代、30代の男女が中心です。

そんなターゲットに対して従来通りの距離感で接してしまったらどうでしょうか。つまり、高級感や格式を前面に押し出した豪華なパンフレットやＰＲ動画を見せて「こんなすごい会場で式を挙げたいでしょ」とアプローチしても、いい反応を得られる結果はないということです。

それよりも、ＹｏｕＴｕｂｅなどを使って、実際に接客をするサービスマンやウエディングプランナーの普段の仕事ぶりをありのままに見せ、親しみやすさを演出したほうが効果は上がります。「こんな人たちに結婚式を運営してもらいたい」と感じさせることができるのです。

昭和の人たちは、「いつかはクラウン」というキャッチフレーズに代表されるように、高級感のあるものに憧れがありました。お金をかけて豪華な海外旅行に行くこともステータスのひとつでした。

しかし最近の人たちは、そのようなものに憧れはなくなっています。「モノ消費よりコト消費」といわれるように、モノではなく体験を重視するようになっています。

そういった消費者の変化に敏感になって、適切な距離感を保たないと、YouTubeの運用をしてもまったく効果が出せなくなってしまいます。

まとめ

YouTube動画作成の際には「距離感の演出」が大事。
昭和平成時代の「上から目線」のプレゼンは今は伝わりにくい。

03 チャンネル名ですべてが決まる!?

チャンネル名は適当に決めない

YouTube運用において、実はちゃんと考えなければならないことがあります。**それはチャンネル名です。**企業が取り組むYouTubeの場合には、正確には「ブランドアカウント名」といいます。

企業の公式チャンネルとしては、たとえばトヨタの「トヨタチャンネル」「トヨタイムズ」、吉本興業グループの「吉本興業チャンネル」、ライザップの「RIZAP(公式チャンネル)」などがあります。

チャンネル名は、そのチャンネルのトップ画面はもちろん、「関連動画」や「おすすめ」

チャンネル名の見え方

YouTubeの画面上でチャンネル名はいろいろな形で表示される

で並んでいる動画タイトルの下にも表示されます。

チャンネル名はいわば名刺のようなもので、自己紹介する時の大事なツールです。企業が名刺を作成する際には、ひと目見て会社名がわかりやすいようなデザインにするはずです。

YouTubeのチャンネル名もこれと同じように、一瞬で判読できる名称をつけてください。

ローマ字のチャンネル名は一瞬では判読できない

反対に、やめたほうがいいチャンネル名の例としては次のようなものがあります。

・ローマ字表記
・何の会社（組織）かひと目でわからない

・担当者の氏名がそのまま使われている
・長すぎる

特に多いのはローマ字（英語名称）でつけているケースです。

ローマ字表記のチャンネル名は日本人にとって視認性が悪いです。パッと見て、どんなチャンネルか、誰が運営しているのかを理解できません。

日本の省庁のYouTubeチャンネルでもこんな名称のものがありました。

「MOJchannel」

どこの省庁のチャンネルかおわかりになるでしょうか。法務省のものです。このチャンネルの内容は、決して英語圏向けでないにもかかわらず、ローマ字のチャンネル名になっています。「MOJchannel」とパッと見て法務省だとわかる人はなかなかいないでしょうから、これはチャンネル名の付け方としてはダメな例といえます。

英語圏の人だけをターゲットにしているのならローマ字の名称をつければいいですし、日本語圏と英語圏の両方の人をターゲットにしているのなら併記すればいいでしょう。しかし、日本人だけをターゲットにしているのなら、ローマ字は避けるほうが無難です。

チャンネル名は一生モノと考える

また、長すぎるチャンネル名もよくありません。

ＹｏｕＴｕｂｅのトップ画面や検索画面、関連動画に動画が並んでいるときなどに、動画のサムネイル、動画タイトルと一緒にチャンネル名が表示されます。Ｇｏｏｇｌｅ検索で出てくる検索結果にも、やはりチャンネル名は表示されます。

ユーザーはそれらを見て一瞬で「自分にとって有益な動画のようだ」と判断し、クリックします。

チャンネル名が長すぎると、一瞬でそのチャンネルの内容を理解してもらえない可能性があります。また、Ｇｏｏｇｌｅ検索などで出てくるチャンネル名の表示は、途中で省略されてしまうこともあります。

そこで、**最初の10～15文字が勝負と考え、短い文字数で内容を伝えきるチャンネル名を考えてください。**

一度決めたチャンネル名を後から変えることもできるのですが、一度変えると数週間から数カ月は変更できなくなります。

チャンネル名は大事なブランドの一要素であり、頻繁に変えるものではないという考え方がYouTubeにあるのだと思います。

また、チャンネル名の変更はユーザーを混乱させることにもつながります。

チャンネル名は一生モノという覚悟で、YouTubeの運用をスタートする際に、よく考えてから設定するようにしてください。

まとめ

YouTubeのチャンネル名は一目で会社名がわかるものに。わかりにくい横文字は避け、短い文字数で内容を伝えきること。

04 大企業でも意外とできていない、チャンネルページ設定とは？

企業の顔といえるチャンネルページ

チャンネル名の次に、チャンネルページ設定について説明します。

何らかのきっかけであなたの会社の動画を見たユーザーは、「この会社はほかにどんな動画を公開しているんだろう」と、チャンネル名をクリックします。

チャンネル名をクリックしたときに表示されるのがチャンネルページです。

あなたのチャンネルが、どのような動画を公開しているのか一覧にしてまとめたページといえます。

チャンネルページはいわば企業の顔ですから、細かい部分まで設定して、情報をわかり

やすく整理するようにしましょう。次ページはチャンネルページの例です。

以下のような点に気をつけて各要素をできるだけ細かく設定するようにしましょう。

●チャンネルアート
チャンネルの上部に表示される画像のことを指します。

チャンネルのコンセプトを表すような画像を設定しましょう。

このチャンネルアートは、スマホでチャンネルページを見たときにも表示されます。したがって、文字などを入れる時はスマホでも見やすいようにサイズを確認して作る必要があります。

できればこの画像のなかにもチャンネル名を記載したほうがいいでしょう。

チャンネルアート内にツイッターなどSNSへのリンクを設けることもできます。

画像のサイズは２５６０×１４４０ピクセルにすることが推奨されています。

●チャンネルアイコン
チャンネルアイコンは、関連動画やおすすめ動画、検索結果など、ほとんどの場面にお

チャンネルページの例

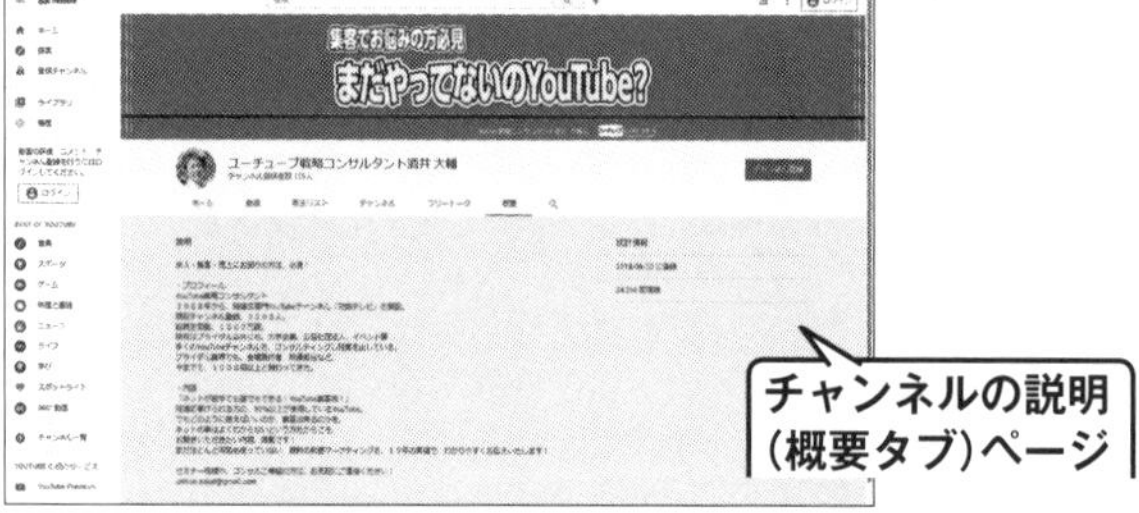

チャンネルページには企業の顔としてさまざまな情報が表示される

いてサムネイル、タイトルとともに表示されます。

チャンネルのコンセプトを示すような、パッと見てわかりやすく目に留まりやすいロゴやマークの画像を設定しましょう。

チャンネルアイコン内にチャンネル名が入っているとより親切ですが、小さくなって視認性が悪い場合には入れないほうがよい場合もあります。

●チャンネル紹介動画

チャンネルページの一番上に設定される短い動画。まだチャンネル登録していない視聴者に表示される動画です。

このチャンネルではどんな情報を発信しているのか、予告編のようなかたちでユーザーに紹介する内容にします。

●セクション

「人気のアップロード動画」や任意の「再生リスト」を設定できます。

公開する動画数が増えてきたときに、グループ分けをするために使います。シリーズものとして作成・公開している動画は、必ず再生リストを設定しておきましょう。

グループ分けがされていると、ユーザーは人気のある動画だけを選んで見たり、自分の興味がありそうなカテゴリの動画をまとめて見たりすることができます。

●おすすめのチャンネル

自社がおすすめする他のチャンネルを紹介することができます。

社内で複数のブランドのチャンネルを運営している場合などは、お互いのチャンネルにユーザーを流入させるためにも設定しておくとよいでしょう。

●チャンネルの説明

チャンネルページはタブによって複数の画面を切り替えて表示することができます。このうち「概要」タブにはチャンネルの説明文を記載します。

企業の概要や担当者のプロフィール、チャンネルの概要、自社ホームページへのリンク、問い合わせ先メールアドレスなどを記載しておくようにしましょう。

大企業でも意外ときちんと設定されていない

大企業が運営しているYouTubeチャンネルでも、意外とチャンネルページを細かく設定していないケースはあります。

このチャンネルページがきちんと設定されていないと、なんとも寂しい感じの印象を与えてしまいます。

前にも説明しましたが、世界の検索サイトのなかで1位はGoogle、2位はYouTubeです。

そのGoogle検索からの流入を期待して作るホームページのトップ画面は、きちんと作り込んでいる企業がほとんどです。

しかし、検索サイト2位のYouTube内で見てもらうためのチャンネルページは、あまり作り込んでいない企業が多いのです。これは非常にもったいないこと。

個人事業主や小規模企業ならまだしも、中規模以上の企業のチャンネルページがあまりにも手抜きだとちょっと恥ずかしいですよね。

会社でいえばエントランスですから、豪華にはしなくとも小ぎれいにはしておきたいところです。

チャンネルページの作り込みは簡単にできます。最初から全部設定しなくてもいいので、徐々に充実させていくようにしてください。

あえてまったく設定しない戦略もある

あえてチャンネルページの設定をまったく行っていない企業もなかにはあります。

なぜかというと、本数で勝負をしているから。

ある企業は、1日3本、1年間に1000本以上にもなる膨大な数の動画を公開しつづけています。

その目的は、Google検索にひっかかりやすくするためです。

ひとつひとつの内容は薄くとも、タイトルや説明文に特定のキーワードを入れて動画をアップし続けると、ユーザーがそのキーワードでGoogle検索したときに、検索結果のトップにその動画が出てくることになります。

動画を大量に公開しさえすれば検索対策として十分効果があるので、チャンネルページの設定を充実させなくてもいいわけです。

大量にティッシュ配りをすれば、店構えはみすぼらしいラーメン屋でも来てくれるお客様はいる、ということです。

なかなか真似はできませんが、そういう戦略もあるということを知っておくといいでしょう。

まとめ

YouTubeのチャンネルページは企業の入り口にあたる部分。最初から細かく設定しなくてもいいので徐々に充実させていこう。

05 最初の100本は練習期間！質よりもまずは量を増やすこと

動画はチラシ配りと一緒。配ればそれだけ人目につく

YouTube上にはたくさんの動画が公開されています。

こうしている今も、全世界で1分間に400時間分の動画が公開されています。

膨大な動画の海のなかから、ユーザーのニーズにマッチした自社の動画をどう見つけてもらうか。

これはある意味、確率論的なところがあります。つまり、ユーザーと自社の動画がマッチングする確率は、本数を増やすことで上がるということです。

ユーザーが求めている情報とぴったりマッチングしている動画を1本公開したからと

いって、その動画を再生してもらえるかどうかはわかりません。

しかし、動画を10本公開すれば、マッチングする可能性は10倍に上がります。

つまり、**YouTubeで動画を上げることはティッシュ配りやチラシ配りと一緒**なのです。

チラシを配れば配った枚数だけお客様が来店されるわけではありません。実際にはチラシを受け取った人のほとんどは、お店に来てくれません。

しかしたくさんのチラシを配れば、それだけ多くの人の目につくことは確かです。そのチラシを見た人の１％か２％か、とにかく一定割合の人には関心を持ってもらうことができ、来店してもらうことができます。

YouTubeで動画を公開するのも同じことです。

動画の海のなかから自分たちの動画を見つけ出してもらうには、多くの人の目につくようにたくさんの動画をアップする必要があるのです。

まずは100本動画を上げる。内容はそれから

具体的にどのくらいの動画を公開すればいいのか。私がいつもクライアントに言っていることは、「**まずは100本公開してください**」ということです。

「100本なんて作れない。動画の内容はどうするんだ」という声が聞こえてきそうですが、それもよくある質問です。そんな質問に対して私はこう答えています。

「内容は何でもいいですよ。だって誰も見ないから」

第1章の炎上対策のところでも触れましたが、動画をアップし始めて最初のうちは、本当に誰も見てくれません。再生回数には期待してはいけないのです。どうせ見てくれないのだからどんな動画でも構いません。とにかく数をアップすることが先決です。

ただ企業がやる以上、本当に何でもいいというわけにはいかないので、どんな内容にすればいいのかは後ほど説明します。

「量より質が大事だ」という批判もあるかもしれませんが、それは間違いです。

質はまったく関係がないとはいいません。最終的には、「結果＝質×量」になるので、質がいい動画を投稿することも大切です。しかし、「質が高いのにまったく見られない」と、「質は低いが見てもらうことはできる」では、どちらがいいでしょうか。

質にこだわって1ヶ月に数本しかアップしないよりは、とにかく多数の動画をアップしているチャンネルのほうが、多くのユーザーの目に留まりやすくなるのは確かです。

したがって、YouTube運用に取り組んだことのない人が動画の中身をあれこれと考えても時間のムダです。

まだ1日も出社していない新卒社員が、「会社に入ったらどんな仕事をしよう」などとあれこれシミュレーションしてもほとんどムダですよね。それは単なる妄想です。

あれこれ考えずとも入社して100日くらいたって一通りの経験をすれば、仕事とはこういうものだとだんだんわかってきて、改善点なども見えてきます。

始める前に考えるより、まずはスタートして体験してみてから考えなければ、なにも始まらないということです。

会社のパワーとYouTubeチャンネルのパワーは関係ない

とにかく数多くの動画を公開すること。それによって期待できる効果は、見てもらえることだけではありません。競合相手を出し抜けるということです。

リアルの世界では、企業の規模も知名度もいろいろです。ある会社と自社では、リアルの世界では知名度や規模に差があったとしても、YouTube上では関係ありません。

つまり、**自社がたくさんの動画を公開し、たくさんのユーザーに見られる状況を構築すれば、規模や知名度で勝る企業を逆転できる**のです。

たとえば私は名古屋在住ですが、東京の浅草で人力車に乗ろうと思ったとします。人力車を運営している企業（お店）はいくつかあるようですが、どこが有名なのかはまったく知りません。そこで、YouTubeで検索します。すると検索結果に浅草の人力車に関する動画がいくつか出てくるので、そのなかから、良さそうなところや目立ったところを選んで実際に乗ろうという決断を下すことになります。

その選択の過程では、どの人力車の店が有名なのか、あるいは規模が大きいかは関係ありません。単純に動画が上がっている本数や、動画の内容を見て、利用するお店を決めています。それと同じようなことが、他の商品・サービスでも起こり得るということです。

YouTube上で自社の動画を見つけてもらうには、まず100本の動画を公開すること。最初のうちは練習期間と考え、どんどんアップしていきましょう。100本アップして初めてスタートラインに立てると思ってください。

まとめ

チャンネル開設したら、まずは「100本」動画を公開しよう。たくさんのユーザーに見てもらえる環境をつくることが大事。

06 最初は動画の中身より、流入経路の戦略を考えよう

「YouTubeさん」に気に入ってもらうこと

なぜ、動画を100本上げることが必須なのか、もう少し詳しく説明します。

その理由は以前にも説明した通り、**三大流入経路に動画を乗せるためです。**

「おすすめ」「検索」「関連動画」、この3つの経路をたどってユーザーは動画に流入します。ということは、この流入経路に動画を乗せなければ見てもらえる可能性は少ないということ。だから何としてでも三大流入経路に乗せる必要があります。

三大流入経路に乗せるために必要なことが、ある程度まとまった本数の動画を確保することです。

まとまった本数の動画があるチャンネルには「チャンネルパワー」が蓄積され、YouTubeのアルゴリズムに推薦されやすくなり、その結果、三大流入経路に乗りやすくなるということです。

言ってみれば、**動画検索サイトの神である「YouTubeさん」に気に入ってもらうことが、自社の動画を拡散してもらうために大切**であり、その目安が100本ということなのです。

100本という本数は、チャンネルとしての見栄えにもつながります。

ユーザーが何らかのきっかけであなたの動画を発見し、「他にどんな動画を公開しているのかな」とチャンネルページを訪問したとします。

その時に、数本しか動画がなかったらどう思うでしょうか。

おそらく、「あまり積極的にやっていないんだな」「自分にとって有益な情報はあまりなさそうだ」と判断し、その後は訪問してくれなくなるでしょう。

しかし、チャンネルページを訪れたときにたくさんの動画があれば、「使えそうな情報がありそうだから探してみよう」「とりあえずチャンネル登録しておくか」と考えてもらいやすいのです。

そのためにも、たくさんの動画を確保しておくことが必要です。

また、**できれば1日1本以上公開するようにしてください。**

これはリアルのお店で考えればわかります。

「いつ開いているのかわからないお店」と、「味はどうかわからないけど、とにかく毎日開いている店」では、どちらのほうが来客は多いでしょうか。後者のはずです。

いつもオープンしているからといって、その店にお客さんが毎日来てくれるとは限りません。

しかし、何かのきっかけでフラッと立ち寄ってくれることもあるでしょう。だからこそ、店を毎日オープンすることが大事なのです。

毎日オープンしていない店は、商品を売る気がないのと同じ。成果を出したいなら、毎日店を開くことが基本だと考えてください。

100本達成したら次のステップは「サムネイル画像」

100本を達成すれば、あなたの会社のチャンネルの存在をYouTubeに気づいてもらいやすくなります。

その結果、流入経路に乗せてもらう可能性が高まります。商品棚にあなたの商品を陳列してもらえるかもしれないということです。

しかし、それだけではまだ見てもらえるとは限りません。商品棚に陳列されている多くのライバル商品のなかから、あなたの商品を手に取ってもらわなければなりません。

その時に大事なことは、手に取ってもらいやすいパッケージにすることです。

YouTubeの動画でいえば、**「サムネイル」を工夫すること**です。

サムネイルはその動画の看板のようなもので、ユーザーはサムネイルやタイトルを手懸かりにして動画を見るべきかどうか瞬時に判断します。したがって目を引くサムネイルを設定することが大切になります。

サムネイル画像を自分で設定しない場合、動画の一部が切り取られた画像が自動で生成されることになります。

はじめのうちは自動生成されたサムネイルでもいいのですが、**動画の投稿本数が100本を超えて、動画投稿にも慣れてきたらカスタムサムネイルを作るようにしましょう。**

実際のサムネイル作りについては、凝り出すと時間とコストがかかってしまいます。ユーチューバーや予算が潤沢な企業の場合には、サムネイル用の画像を別途撮影し、デザイナーに外注してサムネイルを作ってもらっているケースも多いでしょう。

そこまで凝らなくても、基本を押さえた作りにしておけばひとまずは大丈夫です。

動画のなかから、動画のテーマにマッチした画像を抜き出し、画像の上に動画の内容を表すコピーを載せます。載せるコピーはタイトルを短くしたものでいいでしょう。スマホで見られることも考慮して、文字のサイズはある程度大きく設定してください。

サムネイルを作るための具体的なツールや作り方については、Ｇｏｏｇｌｅ検索すればたくさん出てくるので探してみてください。

カスタムサムネイルを設定して、ユーザーの目を引くことで、ようやく動画をクリックしてもらえる段階に立つことができます。

目を引くサムネイル画像の例

カスタムサムネイルを設定することで、動画をクリックしてもらいやすい状態ににする

動画を見てもらうまでの3ステップ

これまでの説明をまとめると、動画を見てもらうまでには次の3ステップがあることになります。

❶動画を発見してもらう（たくさんの本数を投稿する）
❷見たいと思ってもらう（サムネイル画像や、タイトル、説明）
❸再生してもらう（動画の中身が大事になる）

❶と❷がちゃんとできていなければ、❸にたどり着きません。

「動画を公開しても全然見てもらえない」と嘆いている人の問題点は、この2つの視点に気づいていない（知らない）ために、❸の動画の中身ばかりに気を取られてしまっていることにあります。

すごく美味しいラーメン屋でも、お客様が年に1人しか来なければ、その店はつぶれてしまいます。

味（品質）だけで勝負して集客にはまったくこだわらずに経営を続けていける店も世の中にはあるかもしれませんが、それはごく限られた店のみで、一般的ではありません。ほとんどの店では、味も追求しつつ、集客もしなければ経営は成り立ちません。

だから全体的に見れば、マーケティングが必要になってきます。

ＹｏｕＴｕｂｅのビジネス活用では動画の中身で勝負するのではなく、見てもらう努力や作戦を考えることが最優先。そうでなければ結局、動画を見てもらうこともできないのです。

まとめ

三大流入経路に乗せるために、1日1本は動画を公開しよう。
カスタムサムネイルを作れば、クリックしてもらいやすくなる。

07 まずはホームページコンテンツの動画化！

動画のネタは身近なところにある

「毎日1本の動画を投稿するといっても、何を撮ればいいのかわからない」「100本も作れるほどネタがない」と考える人は多いでしょう。確かに、毎日新しい内容の動画を作ろうと思ったら、企画を考えるのが大変かもしれません。

しかし、ネタ探しに頭を悩ます必要はまったくありません。それどころか、動画のネタを考える行為はムダです。その前にまずやるべきことがあるからです。

やるべきこととは、**「ホームページコンテンツの動画化」**です。

ある程度の規模の企業なら、自社のホームページ上にそれなりのボリュームのコンテンツを作成していることでしょう。

企業によって掲載しているコンテンツのジャンルもボリュームもさまざまですが、次のようなホームページの作りになっていることが一般的です。

○企業情報（基本情報、代表者メッセージ、経営理念、沿革、拠点一覧など）
○ニュース・最新情報
○製品・サービス一覧
○実績・導入事例
○採用情報（新卒、中途）
○ＣＳＲ（環境問題や社会貢献などの取り組み）
○よくある質問・サポート

このようなホームページの内容をひとつひとつ動画にしていけばいいのです。

旅館やホテルを運営している会社なら、動画にできるコンテンツはもっとたくさんあります。「客室」「館内設備」「温泉」「食事」「周辺観光」などがあるからです。

客室や温泉が何タイプもあるのであれば、それらをひとつひとつ動画にすることもできます。料理だってプランに合わせていくつものメニューがあるでしょうから、それらをひとつひとつ動画にできます。これらの情報は、お客様が最も知りたい情報でもあります。また部屋や料理などは、それぞれのコンテンツごとに分けて動画を作ることも、大切です。

よくあるのが、ひとつの動画で客室紹介をしている事例です。

知らないお客様にどんな部屋があるかを紹介する動画としては役に立ちますが、どういう部屋に泊まるのかある程度決まってから見ているお客様がほとんどなので、あまり意味がないことだといえます。

2人で宿泊するのに、シングルの部屋や大人数の部屋は見る必要はありません。

詳細化されていればその中から、たとえばツインとダブル、もしくはプレミアムツインなど、自分の必要な情報だけを選んで見ることができます。

そういった目線で、余分な時間を使うことなく、必要な情報だけを消費者がわかりやすく選べる動画作りが、離脱率を低くすることにつながります。

このようにして作っていくだけでも１００個くらいの動画は簡単にできるはずです。

ホームページとＹｏｕＴｕｂｅの情報は統一する

なかには、「うちはホームページとＹｏｕＴｕｂｅでは別々な情報を打ち出したい」と言う人もいます。気持ちはわかりますが、それをやれるのは特定の大企業だけ。

ホームページは充実しているし、ＹｏｕＴｕｂｅにも一定のボリュームの動画を公開している。有名で会社名は誰もが知っている。そういった企業が戦略の一環として、ホームページとＹｏｕＴｕｂｅのコンテンツで打ち出し方を変えるというのならわかります。

しかし、そうではない企業が別々な情報を出す必要性はどこにあるでしょうか？

そもそも、**ユーザーはホームページとＹｏｕＴｕｂｅを両方見てくれるとは限りません。どちらか一方しか見ないケースの方が多い**のです。

それなのに、ホームページとＹｏｕＴｕｂｅで違う情報を載せているのは、不親切ではないでしょうか。

ですからまずは、ホームページのYouTube化から始めてください。

もし今のホームページに古い情報しか載っていなかったら、まずはYouTubeに新しい情報を整理して載せて、そのYouTubeにホームページの情報を寄せていくかたちでリニューアルしてみてはどうでしょうか。

ホームページにもYouTubeにも一通りの情報を載せることが済んだら、そこからオリジナル動画のネタを考えていきましょう。

まとめ

動画のネタを考える前に、まずはホームページのYouTube動画化！

それぞれの内容が統一されているように見せていこう。

08 ポイントは自己満足な動画ではなく、困りごとを解決する動画なのかどうか

必ず押さえておきたい「HHH戦略」

YouTubeで動画情報を発信する際に、知っておきたい言葉があります。**「HHH（スリーエイチ）戦略」**です。

これはGoogleが2014年頃から公式に提唱している戦略で、視聴者の関心をとらえる動画の内容は3つの「H」で考えると良い、ということです。その3つとは、

- **Heroコンテンツ**
- **Hubコンテンツ**

・Ｈｅｌｐコンテンツ

のことを指します。ひとつひとつ説明していきましょう。

●潜在顧客に訴える「Ｈｅｒｏコンテンツ」

Ｈｅｒｏコンテンツは、多くの人に訴えかけるもの、認知や拡大を主な目的とするコンテンツです。

ブランド、商品・サービスなどを知ってもらうために作成し、ソーシャルメディアで口コミが広がることを狙います。テレビのＣＭに近いものがあります。いわゆる「バイラル広告」「バズる動画」がこれにあたります。話題になりウェブ上で拡散されることで、動画自体の知名度とともに企業の認知度も上がることになります。

まずは知ってもらうために作る動画ですから、面白い動画、感動動画など、興味を持ちやすい内容が求められます。実際に作るには独創的なアイデアが必要です。これはなかなかハードルが高いといえます。

そして、「Ｈｅｒｏコンテンツ」が狙ったとおりにバズったとしても、それは企業とユーザーの接点ができただけに過ぎません。そこから次のコンテンツへどう誘導するかが重要です。そのためには、Heroコンテンツだけでなく、顧客にとって本当に役に立つコンテンツも一緒に用意しておく必要があります。

●見込み客に訴えかける「Hubコンテンツ」

「Hub」(ハブ)とは車輪でいう中心部分のこと。つまりHubコンテツは、ブランド、商品・サービスとターゲットを「つなぐ」コンテンツのことを指します。「見込み客」に対して動画を通じて、理解を向上させて自社サイトへの流入や問い合わせにつなげることを目的にしたコンテンツです。

Hubコンテンツを作る上で大切なことは、ターゲットを明確にし、ユーザーのニーズを理解した上で、「継続的に見たい」と思ってくれるような内容にすることです。

Heroコンテンツで視聴者を集め、Hubコンテンツでリピーターにしてファンにするというように、2種類のコンテンツを連携させることが大切です。

Hubコンテンツのテーマは、「共感」、そして「理解」です。ウェブサイトでは伝えきれない魅力を伝え、利用したことのないユーザーに認知してもらうことがポイントです。

Ｈｅｒｏコンテンツと比べて、よりターゲットが絞り込まれているので、目的を持ったユーザーが視聴する傾向にあります。そのため、他社との差別化をどう表現できるかも重要なポイントとなります。

また見込み客がターゲットなので、自社のホームページや購入ページにたどり着いてもらうために、動画からの導線の設計が重要になります。

●顧客に訴えかける「Ｈｅｌｐコンテンツ」

Ｈｅｌｐコンテンツとは、悩みや問題を解決したいという欲求・願望に対して、解決策となる情報を提供するコンテンツのことです。

既存顧客に対して、商品の使い方やちょっとした工夫などを既存の顧客に向けて伝えていくハウツー動画やＱ＆Ａ動画が中心になります。

またこれらのコンテンツを通して商品・サービスの内容を伝えることは、既存顧客だけでなく潜在客を顧客化させる上でも有効です。

ユーザーは日々ＧｏｏｇｌｅやＹｏｕＴｕｂｅで目的を持って検索を行っています。つまりそこには、顕在化したニーズがあると言えます。そして、それらのニーズに応えるのがＨｅｌｐコンテンツなのです。

見込み客が持っている具体的なニーズに応えるＨｅｌｐ動画を用意しておくことで、自社のチャンネルに誘導することができます。

なかでも大切なのは「Ｈｅｌｐコンテンツ」

このＨＨＨ戦略のなかでも、最も大切なのはＨｅｌｐコンテンツです。

Ｇｏｏｇｌｅは、**「ＹｏｕＴｕｂｅチャンネルを新たに立ち上げる際は、少なくとも８つのＨｅｌｐコンテンツを用意すると、検索で見つけられやすくなる」**としています。

なぜＨｅｌｐコンテンツが大切なのか。それは、ＹｏｕＴｕｂｅもＧｏｏｇｌｅも、目指しているのは優秀なコンシェルジュだからです。

たとえば旅行に行ってホテルに泊まったとき、近所で美味しいお寿司屋さんに行きたい。でも、どんなお店があるのか知らない。そんなときに美味しいお店の情報を教えてくれるのが、ホテルのコンシェルジュの存在です。

HHH戦略のコンテンツ別配信頻度と特性

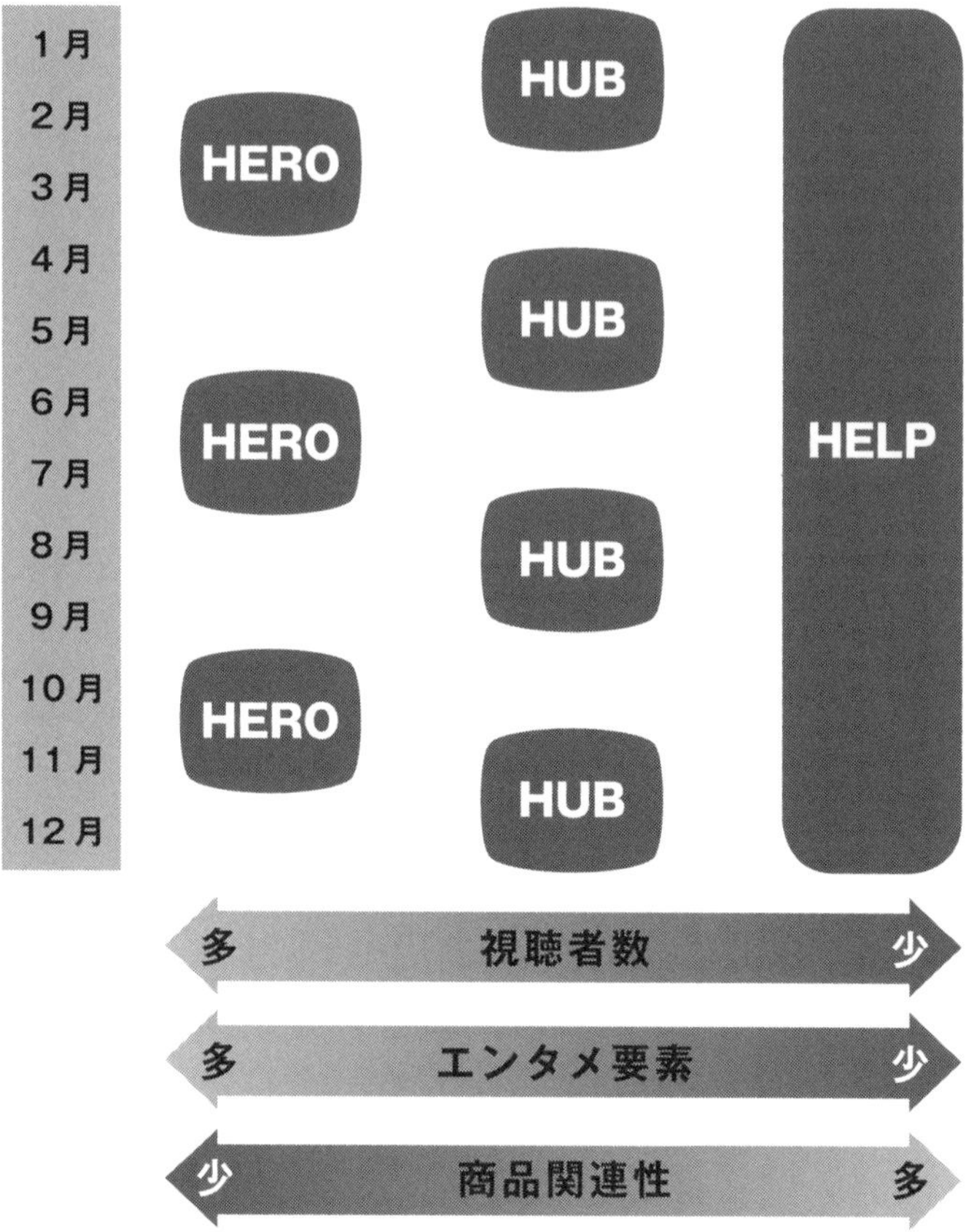

HELPコンテンツは一年を通して常に需要があり、商品関連性も多い

検索サイトに求められているのはまさにそのコンシェルジュの役割なのです。

Google検索では、コンシェルジュとして十分機能するだけの膨大な量の情報を得ることができます。

一方、YouTubeで検索したときには、検索したい内容とぴったりマッチしない動画もたくさん表示されます。

YouTubeにある動画自体はとても多いけれど、コンシェルジュがお客様に紹介できる動画は足りていません。コンシェルジュがおすすめできる動画を作っていけば、今からでも検索上位を狙うことは難しくありません。

企業のYouTube活用の動きはまだ始まったばかり。ユーザーのお困りごとを解決する動画をたくさん公開して、優秀なコンシェルジュを目指してください。

まとめ

YouTubeで動画情報を配信するときは「HHH戦略」で考える。特にコンシェルジュとして「Helpコンテンツ」を発信していこう。

09

VSEO対策とは検索結果の上から20件をすべて埋めること

SEO対策だけでなくVSEO対策を

Google検索で、検索結果の上位に表示させることをSEO対策といいます。たとえばさいたま市で結婚式場を運営している企業なら、「さいたま　結婚式場」と入力して検索したときに、上位に自社のページが来るようにするのが通常のSEO対策の目的です。

ただ、いくらSEO対策をがんばったとしても、検索結果のページのなかに、自社の情報をいくつも載せることはできません。1ページにつき、1件の情報しか載ることはないのです。

これに対して**ＹｏｕＴｕｂｅの検索では、検索結果のページのなかに、特定のチャンネルの動画がいくつも表示される**ことがあります。動画のひとつひとつが検索対象になっているからです。

これはＧｏｏｇｌｅ検索とＹｏｕＴｕｂｅ検索の大きな違いです。

もし、すでにＹｏｕＴｕｂｅ運用を始めているのなら、ＹｏｕＴｕｂｅの検索窓に自社の社名を入れて検索してみてください。社名ではなく、ユーザーに検索してたどり着いてほしいキーワードでも構いません。

検索結果の一覧に、あなたの会社の動画は何本表示されているでしょうか。

本気でＹｏｕＴｕｂｅに取り組んでいるのなら、一番上に表示されるだけでなく、上から20件すべてに自社の動画が表示されるくらいでなくてはいけません。

ＹｏｕＴｕｂｅにおけるＳＥＯ対策を、ＶＳＥＯ対策といいます（「Ｖ」は「ビデオ」の意味）。

具体的に何をすればＶＳＥＯ対策になるかというと、それはこれまでも説明したことと同じ、たくさんの本数を投稿すること。また、毎日投稿する姿勢も大切です。

SEO対策を気にしていろいろな施策を実施しているのに、VSEO対策をあまり気にしていない企業はたくさんあります。

大手企業もVSEO対策はまだ弱い

大手企業が運営しているYouTubeチャンネルも、ほとんどはVSEO対策ができていません。

試しに、あなたの業界の大手企業がYouTubeチャンネルを開設していたら、その企業に関連するキーワードでYouTube検索してみてください。検索結果のページに、その企業の動画がいくつ出てくるでしょうか。意外とあまり多くは出てこないのではないでしょうか。

YouTubeの検索結果に、自社の情報がほとんど出てこないのは問題といってもいいでしょう。

たとえばある著名な大手ホテルはYouTubeチャンネルを開設して、動画もいくつか公開していますが、VSEO対策はあまりできていません。

そのホテルの名前で検索しても、出てくるのは一般のユーザーがアップロードした旅行記などばかり。

これでは、YouTubeチャンネルを運営している意味がないのではないでしょうか。自社が本当に伝えたい情報が視聴者に正しく伝わっていないからです。

この状況は中小企業にとっては逆にチャンスでもあります。

YouTube運用を本格化することで、YouTube上では大手企業よりも存在感を示せるようになるからです。

また今後、5G（第5世代移動通信システム）の普及でますます動画が身近になることで、GoogleとYouTubeの融合は第1章でも書いていますが、さらに進むでしょう。Google検索したときに、検索結果に表示されるYouTubeの動画本数が増えると考えています。

つまりVSEO対策の結果が、そのままSEO対策にも反映されやすくなるということ。

これはYouTube運用担当者にとって大きなやりがいといえるでしょう。

まとめ

VSEO対策で重要なのは検索結果の上位を獲得することではない。上から20件すべてが自社の動画で占められている状態を目指そう。

第3章

マーケティング目線から見たYouTube運用作戦〈基本編1〉

01 マーケティング思考でYouTube戦略を考えてみよう

YouTube運用も戦略が重要

YouTubeやツイッターなどソーシャルメディアの運用は先行投資不要で始められるだけに、コストがかかっていないと勘違いしてしまう人が多いようです。

確かに利用料は無料ですが、業務として取り組む以上、人件費などの内部経費は確実にかかることになります。

業務の一環である以上、しっかりと戦略を考え、成果を出さなければなりません。

ただ、ソーシャルメディアの戦略となると、何をどうすればいいのかわからないと悩んでしまう担当者も多いようです。そのため、目標設定すら行われずに運用を始めてしまうケースもよく見受けられます。

なぜそうなってしまうかというと、ソーシャルメディアを利用した結果がどのようになるか想定できないためです。

たとえば出版に携わったことのない人が自分の本を出版することになっても、何冊くらい本が売れるのか予測もつきませんよね。目安がわからないから、目標を立てるのも難しいはずです。このように、日常業務とは異なる分野となると、途端に別世界の出来事のように思えてしまい、目標も戦略も立てられなくなってしまいます。

しかし、ソーシャルメディアだって実は、日常業務の延長線上にあります。使うツールや媒体が違うだけで、情報提供の手段ということには変わりありません。

そう考えると、**ソーシャルメディアの運用を、いつも行っているマーケティングの一環と捉えることもできるはず。**すると、

「ＹｏｕＴｕｂｅを使って3年後までには年間1億円を稼ごう」

「1年間でＹｏｕＴｕｂｅ経由のリードを１００件獲得しよう」

といった感じでひとまず目標設定することくらいはできるでしょう。目標が決まれば、それを達成するために何をすればいいのか、マーケティング的な視点でさまざまな戦略を検討できるはずです。

リアルでのマーケティング手法が使える

このように、リアルの世界では難なくできることでも、デジタルの世界になると途端に難しく感じてしまい、戸惑ってしまうことはよくあります。そんなときに「デジタルのことはよくわからない」という言葉を使ってしまいがちですがそれは言い訳です。デジタルによる施策であっても本質的にはリアルのマーケティング施策と変わらないのです。

逆に言えば、普段行っているマーケティング戦略をそのままデジタルの世界でも活用できるということです。

よくありがちなのは「ソーシャルメディアはわからないから」と言って、若い担当者に丸投げしてしまうこと。確かに若い人はデジタルツールを使い慣れていますから、YouTube運用を任せればすぐに慣れるはずです。そういう意味では、若い社員を担当者に任命したほうが得策と言えます。

しかし、その土台にある戦略の策定は若い人や経験の乏しい人にはなかなかできません。中小企業であれば社長が、少し大きな企業であればマーケティングや営業、広報といった部署でそれなりの経験を積んだベテラン担当者が責任者となって、戦略立案を行うべきでしょう。この点はリアルであってもデジタルであっても同じなのです。

結果を出すためには戦略が大切です。責任者である経営者や担当者は、そこから逃げないでください。

この章では、マーケティング思考でYouTube運用の戦略を立てていく際の考え方についてお伝えしていきます。

まとめ

ソーシャルメディアはリアルのマーケティング施策の延長にある。
デジタルに不慣れなベテランのアナログ世代こそ実力を発揮できる。

02 ウェブでは「マーケットイン」しか生き残れない！

あらゆることを顧客目線で考える

マーケティング戦略を考えるうえで、必ず理解していただきたい概念があります。**「プロダクトアウト」と「マーケットイン」です。**

プロダクトアウトとは、企業側の視点で、自社商品・サービスを提供しようとする姿勢のこと。ひと昔前まではそれでも十分に売れていました。しかし、現代のようにモノが溢れている時代では、プロダクトアウトの発想ではなかなか売れなくなっています。

そこで大事になってくるのがマーケットインの発想です。

マーケットインとは、顧客側の視点で、何を望んでいるのか、どんなことに困っている

のかを考え、そのニーズを満たし、困りごとを解決するために商品・サービスを提供することです。

たとえば映像制作会社が集客する際に、「当社はこんなハイスペックな機材を保有しており、プロフェッショナルなカメラマンが高品質な動画を撮影します」というふうにアピールするのは、プロダクトアウトの発想です。同業者が見たら「それはすごい」と思うかもしれませんが、ターゲットとなり得るが同業者ではない顧客にとっては、「だから何？」という感想しか持てません。

これをマーケットイン発想でのアピールに変えるなら、たとえば生配信をする際の安心感を伝える方法があります。「インターネットライブ中継・オンラインセミナーで多数の実績があります。突発的な問題にもすぐに対応可能です」とアピールするなら、オンラインセミナーを検討している企業や、ライブ配信での映像や音声の遅延で困っているユーチューバーなどの目に留まりやすくなります。

顧客となり得るターゲットがどんなことに困り、どんな言葉で検索しているのかを検討し、その言葉を使って情報発信するのがマーケットインの考え方です。

言い換えれば**「顧客の立場に立って考える」というごく当たり前のことを実践すること**

です。当たり前のように思えても、それができていない企業はたくさんあります。

よくある間違いが、自分たちの目線で考えて「こんなこと、わざわざ言うほどもないから」と判断してしまい、情報提供するのをやめてしまうこと。

業界の人なら誰でも知っているような情報、専門家にはあえていうほどもない当然の情報でも、一般の消費者にとっては目から鱗が落ちるような貴重な情報であることもあるのです。それを最初から「当たり前すぎるから」と省略してしまうのは、プロダクトアウト型の残念な発想であり、非常にもったいない。

専門家の視点で考えるのではなく、消費者の視点に立って情報提供の内容を考えるようにしましょう。

プロダクトアウトか、マーケットインか

私はお客様にコンサルティングを行う際、事あるごとに「それってプロダクトアウトで

すか？　マーケットインですか？」と尋ねるようにしています。

そして、もしそれがプロダクトアウトならば、マーケットインに変える方法を考えるか、あるいはきっぱりと情報提供をやめることをすすめています。

皆さんがマーケティング戦略を考えるときも、常に「**これはマーケットインの発想か？それともプロダクトアウトか？**」と考えるようにしてください。


特にインターネットの世界では、マーケットインの発想が重要になります。マーケットイン思考でなければ生き残れないと言っても過言ではありません。

それはなぜかというと、インターネット界の頂点にいるＧｏｏｇｌｅが、ひたすらマーケットイン発想の会社だからです。

世界一の検索サイトであるＧｏｏｇｌｅは、なぜ世界一になれたのか。

それは使いやすかったからに他なりません。ユーザーの使いやすさ、つまり「ユーザーファースト」を突き詰めて、便利なサービス、使いやすいサービスを次々と提供してきた結果、Ｇｏｏｇｌｅは世界中の人に使われるようになったということ。

マーケットインの発想を極めた結果、インターネット界の頂点に立ったわけです。

マーケットインの発想でインターネットの世界をつくってきたＧｏｏｇｌｅが高く評価するのは、やはりマーケットイン思考でユーザーファーストの情報やサービスです。その反対に、プロダクトアウトの情報やサービスは、Ｇｏｏｇｌｅからの評価が低くなります。ＹｏｕＴｕｂｅはＧｏｏｇｌｅの一部ですから、ＹｏｕＴｕｂｅの動画もやはりマーケットインで作ったものが評価され、拡散されやすくなるわけです。

「Ｇｏｏｇｌｅはマーケットインの発想を重視し、高く評価している」。この事実を理解していないと、ソーシャルメディアに限らずインターネットマーケティングの世界ではうまくいきません。

たとえばＧｏｏｇｌｅ検索で自社のサイトを上位に表示させようと、小手先のＳＥＯ対策に力を入れてしまうといったケースはよくあります。

それによって一時的に検索上位に表示されることがあったとしても、ＧｏｏｇｌｅがアルゴリズムＳの変更を行えば、そんなＳＥＯ対策はすぐに効果がなくなってしまいます。

小手先のＳＥＯテクニックに力を入れるよりも、「ユーザーが求めている情報は何か」「この情報は顧客目線に立っているのかどうか」を徹底的に考えて追求すれば、アルゴリズムがどう変化したとしてもＧｏｏｇｌｅから引き続き高く評価してもらうことができ、検索順位が落ちることはありません。

リアルの世界でいえば、所属している企業や肩書きはどのように変わったとしても、しっかりとした人間性や技術を持っていれば常に周りの人からの信頼を獲得できる、というのと一緒です。

そしてマーケットイン発想だから、視聴者とのエンゲージメントが高い動画が評価されます。その考え方のひとつとして、再生回数よりも視聴維持率のほうが大切となります。

まとめ

ウェブで必要なのは消費者の視点に立った「マーケットイン」の考え方。顧客目線に立った情報発信ができているかどうかよく考えよう。

03 売れないブランディングは捨てよう！

ブランディングにもマーケットインの視点が必要

ブランディングを考えるうえでも、プロダクトアウトではなくマーケットインで発想することが非常に重要です。

たとえば「創業100年を超える歴史を持つ当社が作ったこだわりの製品」は、プロダクトアウトとマーケットイン、どちらでしょうか。

これはあきらかにプロダクトアウトです。

企業の歴史が長いかどうかは、その企業の商品・サービスを検討している顧客にとってはまったく関係のないことだからです。

しかし多くの企業は、このようなプロダクトアウト型のメッセージでブランディングをしようとしています。そのようなブランディングは現代では通用しません。

確かにかつては、プロダクトアウトの延長線上にあるブランディングでも商品が売れた時代はありました。それは昭和の時代、モノが売れていた時代の遺物です。モノが売れなくなった現代、人々の価値観が大きく変わっている現代においては、そのようなブランディングはじゃまになるだけです。

「高級ブランドはプロダクトアウト型のブランディングをしているのでは？」と異論を唱える人もいるでしょう。確かに、高級アパレルブランドは昔から高品質かつ高級といったイメージを打ち出して、多くの人の「憧れ」を集めるようなブランディングをしています。その手法はプロダクトアウト型のように思えます。

しかしそれはごく一部のブランドの話。彼らには世界中の富裕層に愛されているという圧倒的な実績があり、長い歴史のなかで確立してきた知名度があります。それに加えて莫大な広告費を投じて広告宣伝を行っているからこそ、そのようなブランディングを続けていても通用するのです。

一般の企業や中小企業が高級ブランドと同じようなブランディングをして勝てるはずはありません。そこは勘違いしないようにしたいところです。

ブランディングという言葉に逃げない

企業がＹｏｕＴｕｂｅチャンネルを運用し出すと、社内から「うちの企業のブランドにそぐわないのではないか」という意見を言われることがあります。

これは現状をよく理解していない人の意見です。

そもそもモノが売れなくなっているという現状があり、売れない商品を売るために何が必要か。その試行錯誤のひとつとしてＹｏｕＴｕｂｅに取り組んでいるわけですよね。

そうだとすれば、反対意見を言う人たちが主張している企業のブランディングは、失敗していると考えるのが妥当です。ブランディングが本当に成功していれば、新しいマーケティングなどやらなくてもモノは売れているはずだからです。その人たちがしがみついているブランディングは意味をなしていないと断言していいでしょう。

昭和と平成で時代は大きく変わりました。特に平成ではスマホの登場が、人々の生活習慣や価値観に影響を与えました。また平成から令和に変わり、世界がコロナ禍に見舞われたことで人々の価値観はさらに大きく変わりました。

企業もそのような変化に敏感になり、消費者とのコミュニケーション方法を変えていかなければなりません。

ブランディングの名の下に自分たちの都合を押しつけるばかりでは商品を買ってもらうことはできません。消費者目線に立った、マーケットイン思考での売れるブランディングが必要です。

まとめ

今の時代はプロダクトアウト型のブランディングは古くなっている。マーケットイン型の「売れるブランディング」を心がけよう。

04 自社の強みや弱みをどう伝えるか、「SWOT分析」から始めよう。

「強み」を明確にする分析手法

集客や人材採用のためにYouTubeを使う際に考えたいことは、自社のどのような「強み」を打ち出すかということです。

お客様はどんな動機で自社に来店し、商品・サービスを利用してくれるか。その動機が自社にとっての「強み」になります。

この「強み」をまず分析しましょう。そして、「強み」をきちんと踏まえた動画を作ることで、より効果的な情報発信ができます。

強みの分析に役立つフレームワークが次のページに掲載した「SWOT分析」です。

マーケットイン視点で行うＳＷＯＴ分析

	プラス要因	マイナス要因
内部環境（人・技術・設備）	・リアル経営の話ができる ・インスタ、フェイスブックもやっている ・専門家の人脈が多くある ・元々ウェブが苦手だからこそ、苦手な人の考えがわかる	・基本１人で行っているので、時間が限られている ・資格が少ない ・ツイッターをやっていない
外部環境（業界・競合先の動向）	・オンライン化の加速 ・YouTubeの使用率 ・非対面社会 ・スマホの普及 ・ウェブ環境の整備	・お客様がコンサルを雇える資金がない ・リアル営業がかけづらい ・ユーチューバーへの偏見

経営環境を外部と内部に分けて、それぞれをプラスとマイナス要素で整理する（上記に記載した内容は、酒井大輔のYouTubeコンサルティングを分析したもの）

SWOT分析とは、経営環境を外部（市場動向などの外部環境）と内部（自社の持つ経営資源）に区分し、それぞれをプラス要素とマイナス要素で整理する分析手法。

このようにしてStrength＝強み、Weakness＝弱み、Opportunity＝機会、Threat＝脅威と分類することで、自社の強みが明確になり、戦略を立案する際のヒントが得られます。

SWOT分析もマーケットインの視点で

SWOT分析をするうえでのポイントは、あくまでも消費者（顧客）の視点で分析すること。

単に自社の強みを挙げるだけならそれほど難しくないのですが、その強みが企業側（自社）の視点で見た強みではあまり意味がありません。その情報を提供したところで、ターゲットの心に響かない可能性があるからです。心に響かなければ、自社に興味を持ってもらうことができず、売上拡大などの成果につながりません。

したがってSWOT分析をするときも、前項で説明したようにマーケットインの姿勢で行わなければならないということです。

たとえば、本書の出版元であるスタンダーズが、株式の本に強い出版社であると仮定します。もし「スタンダーズの本に書かれた手法を実践した投資家の80％は、資産を3倍にしている」というデータがあるとしたら、その実績は読者の目線で見ても大きな強みといえるでしょう。まだスタンダーズの本を買ったことのない人も、きっと買いたいと思うに違いありません。

しかし、「株式の本を30年以上発行している老舗企業」とか「大手証券会社とも深いつながり」などの特徴を持っていたとしたら、それは強みといえるでしょうか。自社目線では強みといえるかもしれませんが、読者目線で見たらけっして強みとはいえません。

このように、**マーケットイン視点では強みでないことを、強みとして打ち出してしまうことは避けなければなりません。**

グループワークでSWOT分析を実践してみよう

私がクライアント先で行う研修などでは、最初にこのSWOT分析に取り組んでもらいます。担当者数人でのグループワークとして、ホワイトボードにどんどん書き込んでもらう形式で行います。

基本的に私は口を出さないようにしますが、スムーズに議論が進まないことも多く、そんな場合はヒントを出すこともあります。

また、やはりどうしてもプロダクトアウトの思考になりがちなので、「その強みはマーケットインですか？　プロダクトアウトですか？」と口を挟むこともあります。

そのようにしてマーケットインの考え方をするように促していくと、参加した担当者もだんだんマーケットインの思考ができるようになってきます。途中からは、一番マーケットイン思考ができる人に司会をバトンタッチしてディスカッションを進めてもらいます。

そして時間にしてだいたい1、2時間でこのグループワークは終わらせるようにします。

経営コンサルタントなどが入って行う本格的なSWOT分析では、膨大な情報を集めて、もっと長時間かけて分析することが多いでしょう。しかし、ソーシャルメディアの運用のために行うSWOT分析であれば1時間でも十分です。あまりに長時間やるのは疲れますし、何より面白くないからです。1、2時間もやればある程度みんなの頭の中が整理できて、おぼろげながらも「強み」がはっきりと認識できるようになります。

「強み」がわかったら、さっそく何本か動画を撮ってみるといいでしょう。

そして**実際にYouTubeに公開してみる。その後、改めてSWOT分析した結果を見返してみる。すると新たな発見があり、SWOT分析を追加・修正したくなることがあるはずです。**

そのようにして徐々にブラッシュアップしていけばいいでしょう。

まとめ

自社の強みと弱みを見極めるために「SWOT分析」は有効。強みを理解したところでYouTube動画を公開していく。

05 誰に何を伝えたいか？ しっかりターゲットを決めよう

自社の製品・サービスを利用してくれる「ペルソナ」を設計する

YouTubeなどのコンテンツを作成するうえで忘れてはいけないのが、視聴者の存在です。自社がターゲットとしている視聴者の目線で作成した動画でなければ、それは役に立つ情報とはいえません。

想定した顧客を明確にするために必要になるのが「ペルソナ」（理想となる顧客像）づくりです。

また、ペルソナを作った後は、そのペルソナがどのように行動して、結果的に購買に至るのか、その一連の行動プロセスを想定した**「カスタマージャーニーマップ」**も作成するといいでしょう。

カスタマージャーニーマップを描くことで、顧客の行動プロセスにおける不満や不備が明確になります。

ペルソナの作り方は、まず自社の製品・サービスが対象としている人について、さまざまな情報を収集します。自社が保有している顧客データはもちろん、アンケート調査の結果や外部の調査データなども集めてください。

そのうえで、収集したデータをもとに具体的な人物像を設計します。年齢、性別、職業、収入、趣味・好きなもの、平日・休日の過ごし方、課題・不満に思っていること、関心を持っているキーワード、情報収集の手段などです。

たとえば本書を読んでいる方のペルソナなら、「28歳、女性、ホテル勤務、広報担当1年目。ウェブについて詳しいわけではないけれど、日常的に使っている。広報担当になり、いきなりＹｏｕＴｕｂｅ運用を任されたので困っている……」といった感じです。

実在する人のようにプロフィール写真を付けたり、名前を付けたりすると、よりリアルな存在に感じられます。

自社が扱う商品・サービスの顧客ターゲットが複数いる場合は、ペルソナのパターンも複数設計すればいいでしょう。ただあまりにも多いと、どの人に向けて動画をつくればいいのか混乱してしまうので、多くても2、3人で十分です。

このようにしてペルソナを作ると、「この人に向けた動画を作ればいいんだ」と方向性が明確になります。

そして実際に動画を作るときには、そのペルソナが共感しやすいようなネタを随所に盛り込んでいくといいでしょう。

5W1Hでカスタマージャーニーを考える

次にカスタマージャーニーマップを作成します。

カスタマージャーニーマップの作成によって、ペルソナの行動プロセスを理解することができ、その行動プロセスに沿った施策を設計することが可能になります。

カスタマージャーニーとはその名の通り、顧客のたどる一連の体験を旅に例えたもの。

顧客がある商品・サービスを認知してから、購入して、利用するまでの行動や気持ちを旅になぞらえて分析する手法です。

ただ、カスタマージャーニーマップを本格的に作ろうとしたらかなり時間のかかる作業になってしまいます。これだけをテーマにした本があるくらい、その内容も奥深いものです。

したがって、本格的なものではなくある程度シンプルに作ってもいいでしょう。【認知】【情報収集】【検討】【購入】の各ステージにおいて、ターゲットとなるペルソナがどんなことに悩みや課題を抱えており、それに対してどのような解決策を提供するのかを考えてみる程度でも十分です。次ページにサンプルを掲載しましたので、参考にしてみてください。

Yahoo!知恵袋はニーズの宝庫

ペルソナがどんなことに悩んでいるのかイメージできないときに、ぜひ使いたい裏技が

サイト閲覧					次の行動
これは自分が見るべきサイトであると思わせる「共感コピー」	ヘルプコンテンツ解決方法	次に知りたい情報	次に知りたい情報	顧客の意思を決定させる決め言葉は何か最終行動は何か	追客施策の検討
「お風呂が温かくない原因は」	「お風呂が温かくならない３つの原因」	給湯器の寿命は？	誰が工事をするのか	配管が壊れる前に交換しましょう	
「給湯器の寿命って？」	「給湯器の寿命は10年～15年です」	壊れそうな給湯器の症状は？	実績はどうか	最新機種は省エネになっています。	
「壊れそうな給湯器の症状」	「症状ランキングベスト３」	壊れたらと思ったらどうしたらよいのか？	安心して任せられるのか	あなたのお使いの給湯器と互換性があるかお答えします。	
「給湯器が壊れたらまず相談」	「壊れたかどうか、相談は無料」	給湯器の値段？	よそとの違いはどうなのか	あなたがお使いの給湯器と最新機種はどのような違いがあるかお答えします。	
	「交換工事の目安は25万円」	どんな会社があるのか所在地はどこか	納期はどのくらいなのか	お問い合わせは無料。お気軽にお問合せください。	
	会社の概要と所在地		何を工事するのか		
			納期はどのくらいなのか	問い合わせ（電話、メール、入力フォーム）	
			何を工事するのか		

風呂が温かくならないのは 給湯器の問題だったのか！ 値段は２５万円くらいなのか！ 地元でもたくさんの工事をしてくれる人がいるのか！ でもまだ不安	なるほど近いな 値段も相談できそうだ 安心して任せられそうだな 配管をきれいにしてくれるのか！ うちのマンションに合うのかな 最新機種は今とどう違うのかな 相談は本当に無料そうだな！ この人だったら安心できそうだな 無理に売り込まれる心配はなさそうだな だったら問い合わせしてみよう すぐに返事くるかな 対応は丁寧かな	接客がよかった またお付き合いしたい 他にもどんな仕事をしているのかな あの会社ってFacebookやっているかな
お風呂が温かくならない３つの原因 給湯器の寿命 症状ランキングベスト３ 壊れたかどうかの診断方法 交換工事の価格の目安	会社概要　当社の強み　他社との違い お客様から選ばれている理由 今までの実績　工事の流れと日程 YouTubeで工事の様子 Facebookで日々の仕事内容の発信 ブログで日々の仕事内容の発信	会社パンフレット持参 メルマガ登録→値引き LINE登録→値引き 次回使える割引券

での行動や気持ちを旅になぞらえて分析する。

カスタマージャーニーマップの例

来てほしい人はどういう人か		
ペルソナを記述する		
デモグラフィック	性別 年齢	男性、49歳
デモグラフィック	職業 年収	自営サービス業
デモグラフィック	居住地 家族構成	熱田区マンション 築18年 妻、子供一人
ライフスタイル	興味	糖質制限 お湯シャン マイコン組立・ 粘土細工・子育て
ライフスタイル	趣味	テニススクール 自学・海外旅行
ライフスタイル	好きな メディア	Facebook LINE Instagram Yahooニュース
ライフスタイル	その他 休日過ごし方 性格 行動パターン など	

興味を持つきっかけ
タッチポイントを記述する
街中の看板 駅の広告 Facebookページ Line広告

検索行動	
その人はどんなことで悩んでいるのか、困っていることは何か	その人はどういうキーワードで検索するか
風呂が 温かくない	
給湯器が 壊れそう	給湯器 寿命
給湯器は 壊れて いるのか	給湯器 古い症状
交換 するべきか	給湯器 交換工事
価格は いくらか	給湯器 工事 価格
どんな 会社が あるのか 所在地は どこか	給湯器 工事会社 名古屋

	来てほしい人はどういう人か	興味を持つきっかけ	検索行動
感情			
アクション			SEO対策 Google広告

顧客がある商品・サービスを認知してから、購入して、利用するま

あります。Q&Aサービスの「Yahoo!知恵袋」です。

Yahoo!知恵袋はユーザーが質問し、それに対して他のユーザーが回答するサービス。人間関係や仕事の悩み、ソフトウェアの操作方法までさまざまな質問が載っています。Yahoo!知恵袋で、自社製品・サービスに関するキーワードを入れて検索してみてください。一般の人がどんな疑問や課題を抱えているのかがわかります。

同じような質問がたくさん掲載されている場合は、ニーズの高い質問です。その解決策となる動画をYouTubeに公開すれば、多く見てもらえる可能性が高いといえます。Yahoo!知恵袋はマーケットイン思考で人々の悩みや課題、疑問を知るための最高のツールです。ぜひ活用してください。

まとめ

想定している顧客の姿を「ペルソナ」を作ることで明確にしていこう。
シンプルなものでいいので「カスタマージャーニーマップ」も作ろう。

06 購入に至るかどうかは「AIDMAの法則」が大切

AIDMAの法則とは？

第2章で、「YouTube動画を見てもらうには三大流入経路に動画を載せてもらう必要があり、そのためにはまず100本の公開が必要になる」と説明しました。

それは視聴者に動画の存在に気づいてもらい、クリックしてもらうために必要なステップの話です。

そのようにして動画を少しずつ見てもらえるようになってきたら、今度は視聴者がその動画を見てどう動くのかも想定して、自社ホームページの設計など全体の導線も考えていく必要があります。

そこで参考になるフレームワークに「AIDMA（アイドマ）の法則」があります。

「AIDMAの法則」はマーケティングの世界では有名な理論で、Attention（認知）、Interest（興味）、Desire（欲求）、Memory（記憶）、Action（行動）の頭文字を取ったもの。消費者が認知してから商品購入に至るまでの一連の行動をステップにして示しています。

A（Attention）……注目する
I（Interest）……興味を持つ
D（Desire）……欲しいと思うようになる
M（Memory）……記憶する
A（Action）……購入に至る

このように購入に至るプロセスをいくつかに分解し、顧客がどのステップにいるのかを見極め、各ステップに応じた適切なコミュニケーションをとることが大切ということです。

AIDMAの法則を使ったYouTube運用

AIDMAの法則を理解したら、それを実際のYouTube運用に当てはめて考えてみましょう。

ひとつのケースとして考えられるのは、AIDMAの各ステップに合わせた動画を用意することです。

消費者に商品・サービスを強く印象づける動画（A）、すでに商品・サービスを知っている人に向けてより関心を持ってもらえるような動画（I）、「欲しい」と思ってもらうためにより詳しい情報や事例などを紹介する動画（D）、欲しいと思っていた感情を思い起こさせ記憶として定着させるような動画（M）などです。そして最後に、行動に移したくなるような動画（A）も用意すれば完璧です。

いずれにしても「この段階にいる消費者はどんな情報が欲しいのかな？」とマーケットイン発想で考えて動画を作るようにしてください。

またYouTubeだけでなく他の施策も含めてAIDMAの法則を機能させる考え方も重要です。

たとえばA（認知）の段階では、ウェブ広告やチラシの配布なども検討するといいでしょう。

I（興味）の段階であれば、商品・サービスに興味を持って自社ホームページに訪れてくれた人のために、情報を充実させておくといった準備も大切になります。

D（欲求）の段階なら、消費者は具体的に購入を検討しているので、試供品やデモ、検討材料として使える資料などを提供するといいでしょう。

M（記憶）の段階では、すでに顧客情報を獲得している場合が多いので、見込み客に対してメルマガやダイレクトメール、電話での営業などを行うことが必要になってくるはずです。

A（購買）の方法は、ビジネスモデルによってさまざまなので一概にはいえませんが、ウェブ上で完結するモデルなら、購入ページをきちんと整備するなどの施策が考えられるでしょう。

ファネルの違いも理解する

ＡＩＤＭＡを理解する際、一緒に知っておきたいのが**「ファネル」**の考え方です。ファネルとは「漏斗」の意味。消費者の行動の流れを、逆三角形の漏斗の図に当てはめたものをマーケティング分野では「ファネル」といいます。

もともとは、ＡＩＤＭＡを基にした**「パーチェスファネル」**が基本でした。次ページの左上の図のように、購買のもとになる母数を広げることで、購入・申し込みに至る数も増えるので、まずはテレビＣＭやＳＥＯ対策など広告で認知を広げようという考え方です。

一方、インターネットやＳＮＳの普及に伴い、**「インフルエンスファネル」**という考え方が出てきました。

次ページの右上の図のように、上から「retention（継続）」↑「share（紹介）」↑「ambassador（発信）」と、一番下の部分が発信になっています。

２章で説明した「３Ｈ対策」の図と似ていることがわかるでしょうか。

ファネルの種類

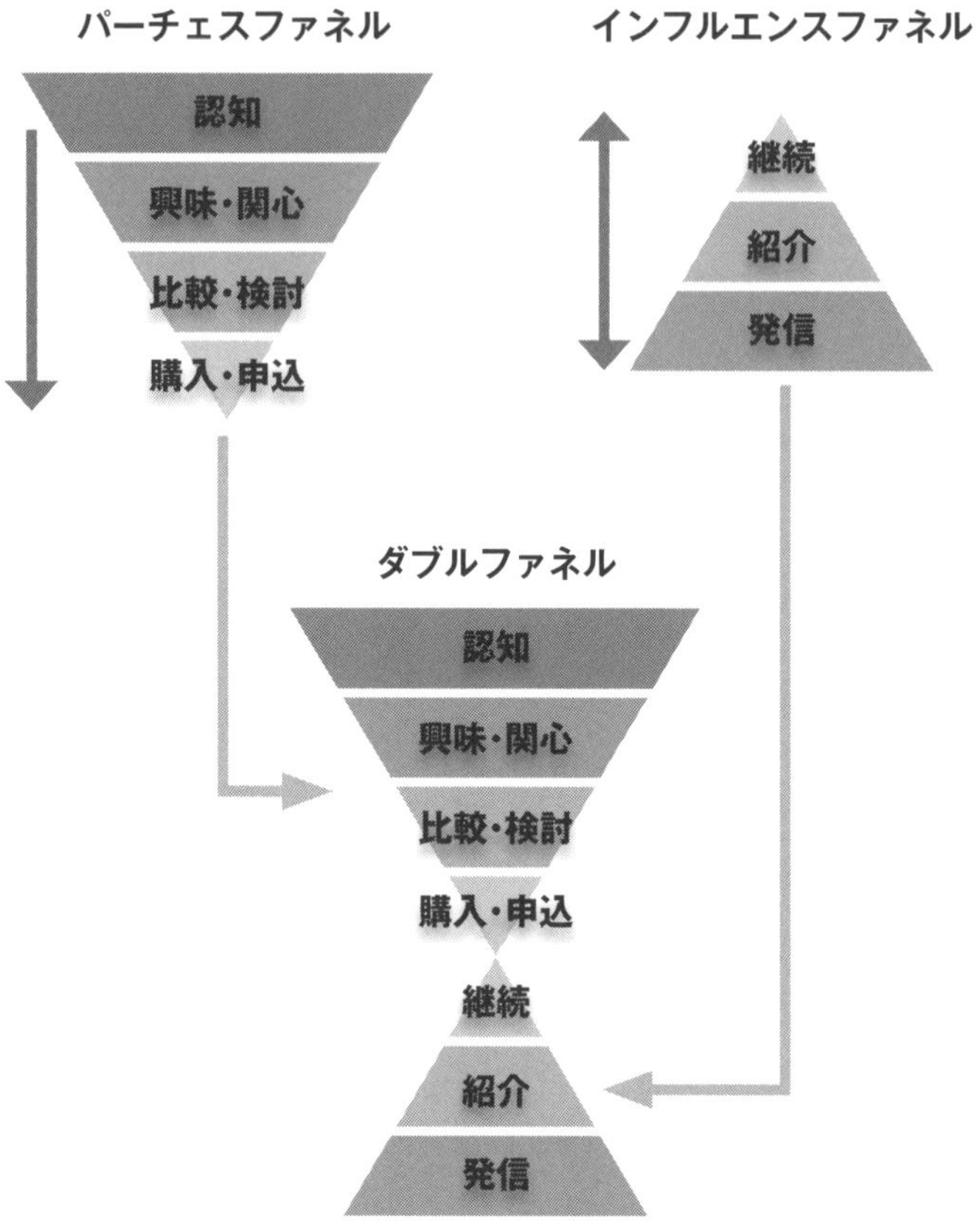

AIDMAを基にした「パーチェスファネル」とSNS時代の「インフルエンスファネル」、そして2つを合体させた「ダブルファネル」

パーチェスファネルでは上から下への矢印でしたが、インフルエンスファネルでは矢印がどっち向きにもなります。

そして今は、この両方を合わせた**「ダブルファネル」**がファネルモデルの基本になっています。

まずは自社のマーケティングをこの「ダブルファネル」に当てはめて、「どこができて、どこができていないのか？」「それによってなぜ結果に結びついていないか？」を分析してください。

そうすることで、今後どこに力を入れて行けばよいのかがわかってきます。

社内で経営者や上司などにYouTube活用について話す際には、このファネルについてまず理解してもらう必要があります。

YouTube戦略についてあまり知らない人は、「パーチェスファネル」にYouTubeを活用しようと考えがちです。

それは間違ってはいないのですが、その場合YouTubeにCMを流して認知を拡大させるという発想でしかなく、YouTubeの活用方法としては限定的です。

ＹｏｕＴｕｂｅ戦略についてあまり知らない人にダブルファネルを説明すると、「広告」としてＹｏｕＴｕｂｅを活用するだけでなく、実際に何をしなければいけないかを理解してもらえます。

結果的に、ただ漫然と広告費を使うだけでなく、足りないところに必要な分だけ行えばよくなるため、費用対効果が大きく上がり、無駄な広告費を使わなくて済みます。

まとめ

「ＡＩＤＭＡの法則」に沿った各段階の動画を発信していこう。「ダブルファネル」に当てはめて、どこができていないのかを理解しよう。

07 人の価値観は「モノからコトへ」と変わってきている

モノ消費よりもコト消費が中心の時代に

時代の流れに応じて人々の価値観が変わっています。YouTube運用に取り組む際にはそのような変化を見極めて、新しい価値観に合わせた情報を提供することが大切です。

昨今の大きな価値観といえば、**「モノからコトへ」**の変化があげられます。

たとえば、かつて音楽を聴くためにはCDが必要で、2000年頃まではCDがよく売れました。しかし音楽の販売経路がダウンロード中心になるにつれて、CDはほとんど売れなくなりました。

そんななか、AKB48などのアイドルグループはCDに「握手券」「イベント参加券」

などの特典を付けることで、多くのCDを売ることに成功しました。
消費者の価値観の変化をとらえて、CDという「モノ」からアイドルと握手できる体験という「コト」へと、提供価値を変えて成功した事例だったといえます。

最近では、インスタグラムなどのソーシャルメディアもモノ消費の加速を促しています。近ごろ若い女性の間で、ホテルの高級ラウンジで提供されるアフタヌーンティーセットが人気だそうです。3段のスタンドになったお皿にたくさん盛られたケーキやチョコレート、サンドイッチなどが、紅茶と一緒に提供されるセットです。予約が必要で1人前4、5千円と安くありません。

これなどもコト消費の代表といえます。

アフタヌーンティーセットも味は美味しいのでしょうが、量が多いし価格は高い。本当にケーキの味を楽しみたいなら、ケーキ専門店でひとつかふたつ、好みのケーキを買って食べたほうが費用に対する満足度は高いはず。

それでも多くの人がアフタヌーンティーセットを頼むのは、「インスタ映え」が目的です。見た目が非常に華やかで、ホテルの優雅な背景とともに撮影すると、とてもいい感じの写真ができあがり、インスタに投稿すれば多くの人に見てもらえるからです。
「アフタヌーンティーセットを楽しんでいる私を見てもらいたい」「そして『いいね』がほしい」、そんな価値観が背景にあるということです。

ユーチューバーに体験の場を提供する作戦

「モノからコトへ」の変化をどのようにYouTubeマーケティングに生かしていけばいいのか。いくつかの方法が考えられます。

ひとつは、**商品そのものを体験型にすること。**たとえばカフェが桃を乗せたパフェを提供しているのなら、カットせずに丸ごと乗せた商品に変更する。

そのインパクトある見た目をYouTubeでアピールすれば、「インスタ映え」する商品を探している人の目に留まるかもしれません。うまくいけばインフルエンサー（ソーシャルメディアでの影響力が高い人）に拡散してもらえる可能性があります。

自社のYouTubeチャンネルだけでなく、他のYouTubeチャンネルでの拡散を狙うという意味では、体験の場を提供するのもいいでしょう。

以前、「七輪焼肉 安安」というお店が実施して話題になったキャンペーンがあります。ユーチューバー（管理画面を見せてチャンネル登録者数を確認）に対して、1000円で食べ放題を提供するという企画です。もちろん店内での動画撮影はOKです。

このキャンペーンに多くのユーチューバーが目を付けて、焼肉食べ放題に挑戦している様子をYouTubeに公開しました。

「コト消費」の場を提供することで、インフルエンサーマーケティングを低コストで実施した事例といえます。

ユーチューバーは撮影の場所とネタを常に求めていますから、このようなキャンペーンは非常に有効です。企画してみてはいかがでしょうか。

情報のとらえ方は年代によって変化する

「情報やノウハウを販売したいのですがどうすればいいでしょうか」と相談を受けること

がよくあります。年配の方に多く見られる傾向です。

昭和の時代にはネットもなく、「良い情報＝お金」になったという感覚から抜け切れてないのでしょう。

そのような質問に対する答えは、「情報自体を売ることは難しくなっている」です。現在では大半の情報がグーグルを検索すれば出てくる時代だからです。


もちろんＹｏｕＴｕｂｅで収益を上げているユーチューバーの中には、専門的な情報を動画で発信し広告収入を稼いでいる人もいます。

ただ、それで収益化できているユーチューバーは一握りで、それ以外のほとんどは同じような情報を公開しても収益につながっていません。

この章を読み、ウェブの世界でもマーケティング戦略が大切だとご理解いただけたと思います。そのマーケティング戦略の中で、情報をどう扱っていくかが最終的な結果へとつながります。

確かに現在は「ＢＡＣＥ（ベイス）」などの手軽にネットショップを開けるプラットフォームで動画コンテンツを簡単に販売できます。

しかし、大きな収益にはなりにくいのが現実です。そのようにして目先の小銭を稼ごうとするのではなく、**情報をマーケティングの武器としてＹｏｕＴｕｂｅやＳＮＳで拡散させ、そこから本業の契約へ結びつけるほうが何倍にも大きな売上になるのではないでしょうか。**

私自身、この書籍はもちろん、ＹｏｕＴｕｂｅでも多くの情報を発信しています。「そこまで無料で出しちゃっていいの？」「お客さんいなくならない？」などと心配されることもあります。

しかし、まったく問題ありません。

なぜかというと、情報を知ることと、実際に行動に移して成果を出すことは全く別だからです。

たとえば私はゴルフを最近始めたのですが、本を読んでも、ＹｏｕＴｕｂｅで動画を見てもまったく上手くなりませんでした。そこで結局、レッスンプロを付けて教えてもらうことで、少しずつ上達している状況です。

コーチをつけることで上達スピードが全く変わってくるのは、スポーツでも仕事でも同じです。仕事でも自己流では上手くいくかどうかわかりませんし、上手くいくとしても時間がかかってしまいます。

どうせやるならムダな時間をかけたくない、結果を早く出したいという方のお手伝いをさせていただくのが、私たちコンサルタントの役割です。

本やＹｏｕＴｕｂｅで情報をたくさん無料で提供したとしても、それで仕事がなくなったり、お客さんが減ったりすることはありません。

だからこそ、**情報だけで販売するのではなく、情報をマーケティングの手段と捉えて積極的に拡散することが、結果的に大きな売上を上げるためには大切なのです。**

普段の仕事の中で、マーケティングのことを教えてくれる人はとても少ないのが現状です。そのため認知を広げたいと思ったときには、「広告会社にでも問い合わせするか」となるのが普通です。

そして当たり前ですが、広告関連の会社は広告について詳しく説明してくれますが、本質的に大切な、マーケティングや心理のことまで教えてくれるところは少ないといえます。

これは決して広告関連会社が悪いのではなく、困ったことがあったら広告会社に相談する企業が多いのが問題だと思っています。

では誰に相談すればいいのでしょうか。国や県、市や商工会議所等で、中小企業診断士やその道のプロに相談できる仕組みを提供していますし、私がアドバイザーを行っている独立行政法人中小企業基盤整備機構（中小機構）でも、中小企業大学校を9校運営し、経営に必要な知識を習得するための講座を設けています。

こういったものを有効に活用するといいでしょう。

まとめ

人々の消費行動は「モノからコトへ」と変化してきている。

YouTubeでは視聴者に体験の場を提供することができる。

第 4 章

心理学目線から見たYouTube動画の作り方〈基本編2〉

01 YouTubeを実践するうえで、心理学の視点は欠かせない

心理学は「人の取扱説明書」

ここまでで、「YouTubeはリアルの延長線上にある」ことはご理解いただけたと思います。

リアル営業で成果を上げようと思ったら、「マーケティング」と「心理」を理解し実践することが大切になりますが、これはYouTubeにおいても同じこと。

私もYouTube戦略において欠かせないものとして、約10年、心理学を学んできました。

そこでこの章では、YouTube戦略において重要なプレゼンテーションの方法や、

心理学的に見たＹｏｕＴｕｂｅの活用方法を解説していきます。

皆さんの周りでも１人は、「売れている営業マン」がいますよね？

売れるには理由があります。そしてその理由は、心理学の側面からひもとくことができます。

せっかく動画を作るなら、売れる理由を知り、その理由に基づいて作ったほうがいいですよね？

心理学というと、難しそうとか、よくわからないと構えてしまうかもしれませんが、**簡単にいえば「人の取扱説明書」です。**ビジネスでは欠かせない知識なので、基本的な部分だけでも知っておいて損はありません。

基本的な知識だけでも理解すれば、必要なことと不必要なことの取捨選択が容易にできるようになります。

YouTubeはプレゼンの場。プレゼンスキルは誰でも身に付けられる

YouTubeは、接客を伝える場＝プレゼンテーションの場です。

プレゼンテーションには、最低限必要な要素があります。

有能な経営者や政治家はプレゼン・演説が上手いですよね。

あのような人を見ると、生まれながらにプレゼンが上手いように思えてしまいますが、それは違います。**みんな、練習をして上手くなったのです。**

数年前までは私も、人前で話をすることは全然できませんでした。しかし練習の結果、今では問題なく話せるようになりました。

人から「プレゼンが上手い」と思われている人の多くが地道に練習しています。

逆にいえば、**プレゼンのスキルは練習すれば誰でも身に付けられるのです。**

上手な人のプレゼンには理由があります。

たとえば、ジャパネットたかたの創業者・高田明氏の商品紹介は、独特の甲高い声が特

徴です。

あれは、視聴者の興味を引き、良い印象を与えるためにあえてやっているのです。高田氏の地声は低く落ち着いた声ですが、お客様を獲得するためには高い声のほうが有利と考えているわけです。

皆さんも電話に出るときに、声のトーンを上げてしまうことはないでしょうか。それも無意識のうちに、「相手にきちんと声を届けたい」「良い印象を持ってもらいたい」という心理が働いているからです。

声のトーンを少し工夫するだけでも、相手が受け取る印象は大きく変わります。

身だしなみも同様です。

私は人前でプレゼンするときやＹｏｕＴｕｂｅの動画に出るときはスーツを着ていることが多いのですが、これがジャージだったらどうでしょうか。

話していることは同じでも、受け取る印象はまったく違いますよね？

それが人の心理です。せっかく動画を撮影するなら、このポイントを知っているかどうかで結果は大きく変わってきます。

なお、この本は心理学の本ではないので、心理学について専門的な解説はしません。本書を読んで、もっと詳しく知りたいと思ったら、ぜひ心理学の本もいくつか読んでみてください。

まとめ

YouTube戦略において心理学的アプローチは有効。
プレゼン能力は練習を重ねることで自然に身に付いてくる。

02 動画が見られるどうかは最初の３秒が勝負

最初の３秒が重要な理由

動画を作る際に強く意識してほしいのは、最初の３秒間です。視聴者は最初の３秒間で「見る」「見ない」を決めているからです。

テレビや映画の時代、視聴者は我慢強く長い動画を見てくれました。
テレビなら30分や1時間、映画ならだいたい2時間と、放映時間の尺は決まっています。視聴者もそれがわかっているから、最初のほうがたとえつまらなくても、「この後に盛り上がるシーンがくるのだろう」「クライマックスに向けて面白くなるに違いない」と期待して見続けていたのです。

テレビ／YouTubeの時間とストーリー構成の関係

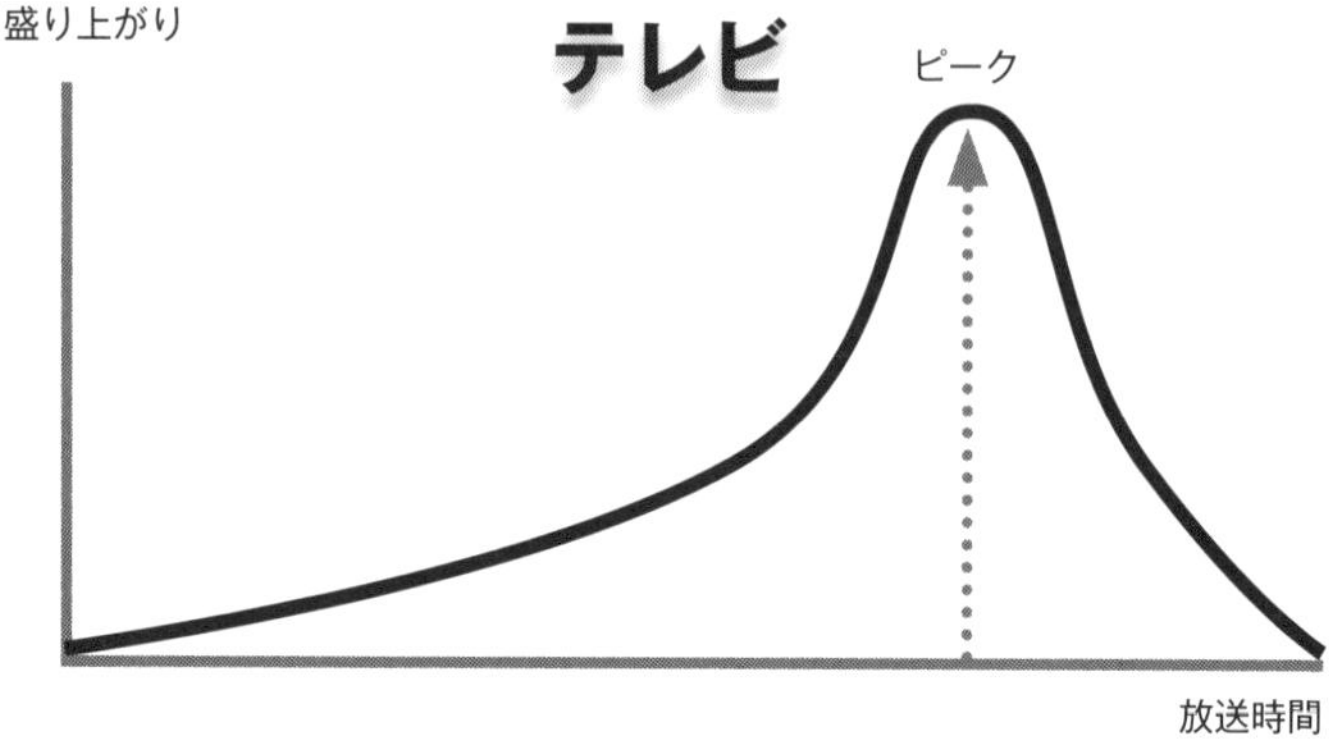

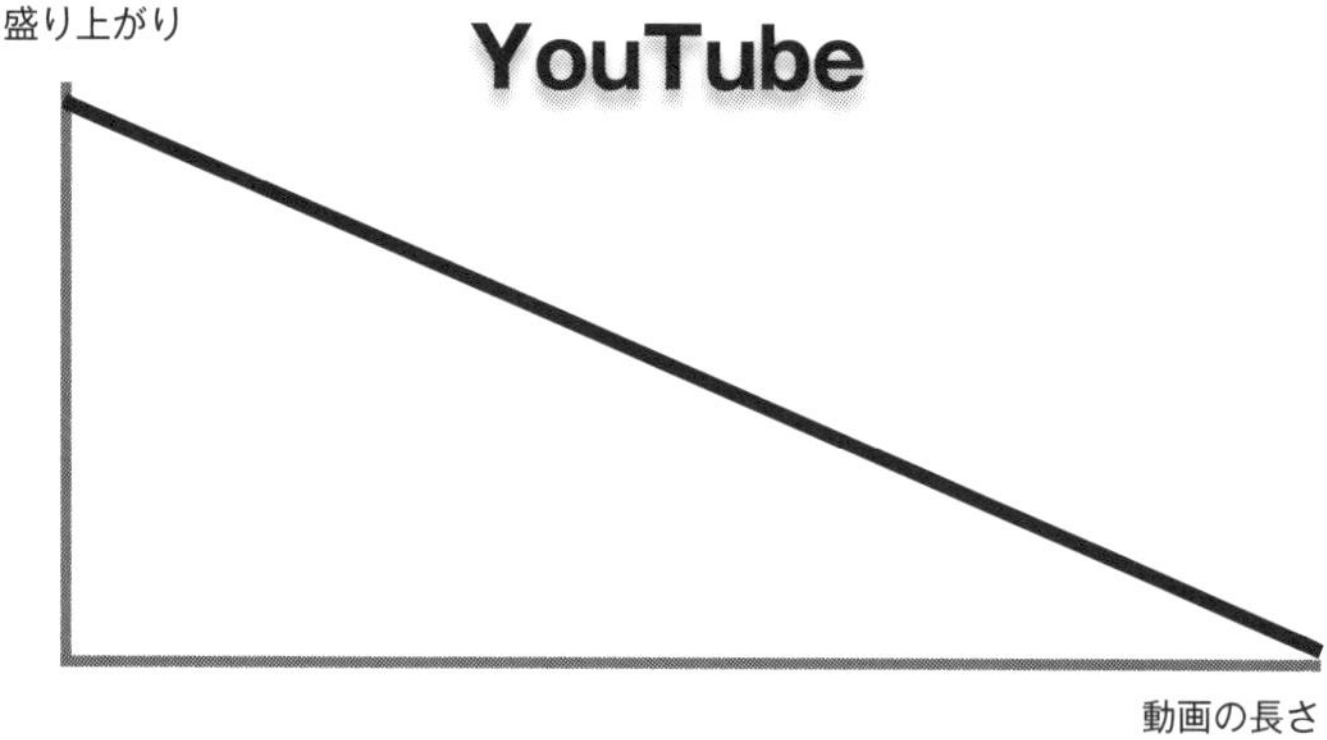

テレビは視聴者も後半の盛り上がりを規定して待ってくれる。ウェブ動画は、面白くなければすぐ離脱されるので、ピークを最初に持ってこなければいけない

しかし、ＹｏｕＴｕｂｅ動画が全盛の現代においては、視聴者はそんなに我慢強くはありません。

ＹｏｕＴｕｂｅにある動画の時間はバラバラ。そして面白い動画はいくらでもある。だから冒頭だけ見て面白くなさそうと感じたら、すぐさまスキップします。あなたもそんな見方をしているのではないでしょうか。

だからこそ、冒頭の３秒の「つかみ」が大事になってくるのです。

また、３秒と同時に意識したいのが、「見た目」です。

有名な「メラビアンの法則」によれば、人が相手の印象を判断する際に参考にしている要素と比率は、話の内容が７％、口調や話の早さなどが38％、見た目などの視覚情報が55％、だそうです。つまり、話の内容や話し方よりも、見た目の方を重視して、相手に対する印象を決めているということです。

ちなみに、正確にいえば、これは誤って世間に広まった俗流の解釈であり、心理学者メラビアンが発見した法則とは少し違うようです。ただ、第一印象の重要性を示す意味では、現実に照らし合わせても納得できる法則といえます。

実際に私たちは人や物事を判断するときに、「見た目」に強く影響されます。動画を見るときも「見た目」にかなり引っ張られてしまうのではないでしょうか。

ですから動画を作成するときも、最初の3秒の「見た目」には特に気をつけましょう。

見た目で「楽しそう」「何となくよさそう」という雰囲気を与えることができれば、視聴者がその後も視聴を続けてくれる可能性は高まります。

起承転結では展開が遅すぎる

冒頭の3秒でつかんだ後のストーリー構成はどうすればいいでしょうか。

よく文章の書き方として「起承転結」を推奨されることがありますが、動画も起承転結で構成してしまっては展開が遅すぎです。

動画の構成は「起承転結」ではなく「結起承転」にするべきです。

つまり、**結論を先に伝えて、そこから結論に至る経緯を紹介していくというストーリーを展開する**のです。

ビジネス文書の書き方であるＰＲＥＰ（Point：結論・要点、Reason：理由、Example：具体例、Point：結論・要点）で考えてもいいでしょう。

いずれにしても、その動画で一番伝えたいことを先に伝えることが大事。動画をクリックしてくれた人の興味を引き、スキップされることを防ぐためです。

人気ユーチューバーの動画でも、最初の数秒間にダイジェスト映像を持ってきて、その後で本題に入っていく構成になっていることがよくあります。

動画の中でも一番美味しい、視聴者の興味を引きそうなシーンを短時間で見せることで、動画に対する期待を高めているのです。視聴者は冒頭のシーンが面白そうと感じて続きを見るので、実際にそのシーンが出てくるまでは離脱せずに見てくれるということです。

まとめ

動画が見られるかどうかは、最初の３秒で決まる。「起承転結」ではなく「結起承転」で、言いたいことを最初に出そう。

03
初対面の視聴者に安心・安全をどう伝えるか

安心・安全を与えないと信頼してもらえない

初めて対面する相手がいるとして、あなたはその相手に対してどのような印象を持っているでしょうか。

おそらく、会ったこともない相手に対して期待と不安の入り交じった感情を持つのではないでしょうか。

そんな相手と実際に会い、コミュニケーションをとっていくうちに相手のことがわかっていくと、次第に不安感が消えて安心・安全な印象を受けるようになります。

さらに相手への理解が進むと、「信用・信頼できそうな相手だ」と心を許すようになります。

あなたのYouTube動画を見ている視聴者の心理も、これと同じようなステップを踏みます。

視聴者はあなたの動画を「動画に出ているこの人は信頼できるか」「本当のことを言っているか」といった視点で疑いながら見ているのです。

だからこそ動画の中で伝えなければならないことは、「安心・安全」です。

けっしてウソの情報を発信していないこと、都合のいいことを言って視聴者を騙そうとしていないことをわかってもらい、「この人は安心・安全だ」と受け止めてもらう必要があります。

動画で信頼関係を結ぶために大事なこと

どうすれば安心・安全を動画で伝えることができるでしょうか。

言葉で安心・安全を強調してもわざとらしくウソくさいだけ。プロが撮影したような美しい映像を見せることも意味がありません。それはCMのような「盛った映像」だと受け止められてしまいます。

動画の提供者としてできることは、正直にありのままの姿を見てもらうことしかありません。

自社の商品・サービスについて、あるいは会社の概要について、社員がありのままに、まじめに説明する。それが安心・安全を伝えるうえで近道だと考えます。

動画で説明されている商品・サービスの内容はもちろん、説明している人の話し方や見た目など全体から受ける印象で、視聴者は「この人の言っていることにはウソがなさそう」と判断します。

第2章で、ファンづくりのためには「近所のお兄ちゃんお姉ちゃん」になることが重要と説明しましたが、安心・安全という印象を持ってもらうためにもやはり「お兄ちゃんお姉ちゃん」であることを心がけてください。

立て板に水のように説明する敏腕セールスマンのトークよりも、そこまで上手な話し方ではないけれども誠実さを感じさせるトークのほうに、人はいい印象を抱きます。

その結果が、「もっと詳しく知りたい」「問い合わせしてみようか」などと次の行動につながるのです。

私の経験上、セミナー後の懇親会などで話しているうちに相手と打ち解けて、「言っていることはよくわからないけど信用できそうだから、任せてみる」と言われて実際に取引が始まったことが結構ありました。

皆さんも、そんな経験あるのではないでしょうか？

YouTubeでもホームページでも、取り扱っているサービスが保険や結婚式など目に見えないものの場合、**顧客が最終的に判断する大きなポイントは「相手を信頼できるかどうか」です。**

これはリアルの世界でも同じで、信頼は大きな判断基準になります。

動画だからと構成を考えシナリオを描き、シナリオ通りにきちんと発言した結果、その人の「良さ」が全く出ていない動画をよく見かけます。

そんな動画を見た人が、「この人と一緒に仕事をしたい」「信頼できそう」と思うでしょうか？

動画でも普段通りにできていれば、普段通りの結果が手に入るはずです。

YouTubeで、信頼関係が構築された状態からスタートできる

なお、YouTube動画を見て「安心・安全」という印象を与えられると、その後のコミュニケーションもスムーズに進みます。

たとえば私に初めて問い合わせをしてくれるお客様は、あらかじめ私のYouTube動画を見てくださっているケースがほとんどです。

動画を何本か見たうえで問い合わせをくれているので、対面する前からすでに信頼関係が構築されています。

もちろん人と人ですから、生理的に合わない方も中にはいらっしゃると思います。

特に私は、(こう言っては何ですが)言葉遣いもよくないし、スーツもあまり着ない。

私と合わない方は、動画を見ていただければ判断がつくので問い合わせることなく、無駄

なミスマッチを事前に回避できます。

動画を見て好感を持ってくれた人と初めて会うと、「会えてうれしいです」「本物だ！」とか、「会いたかったです」と言ってくださる方もいます。

そのような状態から関係をスタートできるので、商談も非常にスムーズです。

ＹｏｕＴｕｂｅではなくホームページを見て問い合わせをくれたお客様には、「初めてお目にかかる前にこの動画をご覧になってください」と案内すれば、同様の効果が期待できます。

まとめ

ＹｏｕＴｕｂｅ動画ではまず「安心・安全」を伝えること。
正直にありのままの姿を見せることで、信頼関係が築ける。

04 編集すればするほど、信頼度は低くなる？

ユーチューバーのような編集は意味がない

「動画の編集はどのようにしたらいい？」

私がクライアントからよく聞かれる質問のひとつです。

人気のユーチューバーの動画を見ると、丁寧に編集してあることがわかります。

ムダなカットは徹底的に削除して、特に印象づけたい言葉をテロップで表示して、細かいカット割りや効果音でテンポをよくして……というふうに徹底的に編集しています。

テレビ以上に凝った編集をして見やすさを追求しているのがユーチューバー独特の動画です。

企業がＹｏｕＴｕｂｅを運用する場合にも、あのような凝った編集をしないと見てもらえないのではないかと考えるかもしれませんが、それは大きな間違い。

第1章で、「バラエティ番組的な動画を作っても意味がない」という話をしましたが、それと同じです。ユーチューバーの動画作りはバラエティ番組の延長線上にあり、企業にとって必要な動画作りとは違うのです。

ユーチューバーのまねをしてバラエティ番組のような編集をしても、それは効果があまりないばかりか、見ている人に「ウソくさい」「ふざけている」という印象を与えてしまう危険性もあります。編集すればするほど信頼度が低くなるのです。

また、バラエティ番組のような編集をするにはテクニックも必要で、素人が片手間にできるものではありません。編集を外注に出すことになり、かなりのコストがかかってしまいます。

したがって、**企業のＹｏｕＴｕｂｅ運用においては必要以上の編集はいりません。**

撮影の際も、理想とするカットが撮れるまで何度も撮り直していては、時間がいくらあっても足りなくなります。

一発撮りで、ノー編集の動画でも十分と考えてください。

撮影の最中に説明を少し省略したり言葉に詰まったりすることがあっても構いません。リアルな商談の場でそのようなことがあっても、最初から説明をやり直したりはしませんし、聞いているほうもいちいち気にしませんよね。

YouTube動画もそれと同じで、多少間違えたり言葉に詰まったり、間が空いてしまってもいいのです。普段通りの話し方で話すようにしましょう。逆にそれがリアルな印象を与え、信頼感を得ることにつながります。

編集しない動画が人の心を動かす

ユーチューバーにもいろいろなタイプがあって、編集しないことにこだわる人もいます。教育系ユーチューバーの葉一さんもその1人です。彼は「とある男が授業をしてみた」というチャンネルで授業動画を投稿し、登録者数136万人（2021年3月現在）を超える人気ユーチューバーです。

葉一さんはTBS系列のテレビ番組『情熱大陸』で取り上げられたときにこんなことを言っていました。

「授業は編集をしないと決めています。編集を入れたらどんどん機械的に無機質になってしまう。勉強が嫌いな子を動かすのは人の心なんですよね。先生たちが熱く語ったり頑張ったりする姿に感化されて子供たちは動くと思っていて。YouTubeという機械を通した時に、できる限り人の心を届けるんだったら、やっぱり編集は入れちゃダメ」

まさに私の考えもこれと一緒です。話の内容も大切ですが、つっかえながらも一生懸命話しているその様子が、見ている人の心を動かし信頼感を与えます。

これは企業のYouTube運用においても大事な視点です。

まとめ

企業のYouTube運用で下手な編集は必要なし！拙くても一発撮り・ノー編集のほうが人の心を捉える。

05 「類似性の法則」を利用して、親近感や好意を抱いてもらう

人は共通点のある相手に親近感を抱く

初対面の相手やよく知らない相手と打ち解けるために効果的な方法が、共通点を見つけることです。

それまでは相手のことをよく知らなくても、たまたま地元が同じだったり、応援しているスポーツチームが同じだったりすることがわかると、途端に相手に対して親近感がわいてきますよね。

そのように、共通点を持つ相手に対して親近感を抱いてしまう現象を、心理学では**「類似性の法則」**といいます。

人は無意識のうちに、「自分のことを受け入れてほしい」「他人から否定されたくない」と思っているため、自分と似た人に出会うと「自分のことが受け入れられた」と考えて、それが親近感につながるということです。

「類似性の法則」は人付き合いやビジネスコミュニケーションの場面で役立つ法則ですが、YouTube戦略においても活用できます。

たとえば動画内で、あるいはYouTubeチャンネルの概要欄などで、YouTube担当者の属性情報（出身地、趣味、特技、好きなものなど）をそれとなく開示してみる。そうすると動画の視聴者は自分との共通点を見つけて親近感を抱いてくれる可能性があります。

共通点となりやすいのは、特定の時代において流行した音楽やテレビ、漫画などのネタです。

動画のターゲットとしている層に合わせて、その年代の人に刺さるような音楽やテレビの話をすると、「そんなの流行ったな」「懐かしい」といった感情とともに親近感を抱いてくれるはずです。

何らかの悩みを抱えた人に対する商品・サービスを提供している企業であれば、自分も同じような悩みを持っていたことを話すのもいいでしょう。

たとえば、「以前は肌荒れに悩んでいて、いろいろな薬や化粧品を試したが一向に改善しなかった」といった悩みを話すことで、「そうそう、そういうことに悩んでいるんだ」と視聴者に共感を抱いてもらい、興味を持ってもらうことができます。

また、同じような悩みを抱いていて、かつあなたの会社の商品・サービスを利用したことで問題が解決された人に事例として登場してもらうのも、類似性の法則を利用したテクニックといえます。

動画を見た人は「この人の問題が解決したのなら、自分の問題も解決できるのでは」と思ってくれるはずです。

また基本的に今の若者たちはＹｏｕＴｕｂｅに対していい印象を持っています。

自分たちが好きなものを積極的に、基本的なルールを守って取り入れている企業に対して良い印象を持つことも、「類似性の法則」です。

ＹｏｕＴｕｂｅチャンネルで情報発信すること自体が、「類似性の法則」を活用することになるわけです。

ただここで注意しなければいけないのは、一定のルールは守らないと逆効果になってしまうこと。

ＹｏｕＴｕｂｅでＣＭだけを数本公開していたり、他のＳＮＳでも商品を毎日投稿しているだけでは、そこの場を楽しんでいるユーザーからは場違いな行動と思われてしまいます。

郷に入れば郷に従えと言いますが、その世界で楽しむことはどういうことかを理解したうえで、モラルを守って情報発信を行いましょう。

まとめ

共通点を持った者同士はコミュニケーションが進みやすい。
「類似性の法則」をＹｏｕＴｕｂｅ戦略にも積極的に導入しよう。

06 「ザイオンス効果」で接触回数が増えれば、好感度アップ！

接触回数が好感度アップに

「類似性の法則」と同様に、マーケティングに活用できる心理学の法則が**「ザイオンス効果」**です。

ザイオンス効果は単純接触効果とも言われ、「会えば会うほど相手のことを好きになってしまう効果」のことを指します。

あなたもこのような経験はないでしょうか。最初は何とも思わなかった相手なのに、仕事などでやり取りする機会が増えると、だんだん相手に対して好感を抱くようになったことが。これがザイオンス効果です。

相手に対して嫌悪感や不信感がないことが前提となりますが、**単純に接触回数を増やすことは好意や親近感を高めることにつながるのです。**

営業の場面で考えればもっとわかりやすいでしょう。

営業マンが商談相手のもとに足繁く何度も顔を出せば、最初は興味を持ってもらえなくても、次第に興味を持ってもらえるようになり、その結果、受注につながりやすくなる結果につながります。昭和の時代、靴底を減らして営業していた方の営業スタイルも、理にかなっていたということです。

テレビＣＭも同様です。何度も繰り返し同じＣＭを見る機会があると、次第にその商品のことが気になり、ついには好きになってしまい、「買ってみようか」と思うようになるわけです。

ＹｏｕＴｕｂｅでもこの効果は期待できます。

リアルで会うのと同じ効果ではありませんが、動画で接触することにより、リアルの30〜50％の効果があると言われています。

視聴者にたくさんの動画を見てもらえれば、見た人はあなたの会社や商品に対して好意を持ってくれるようになります。

その結果、実際の購入や資料請求といった成果につながりやすくなります。

だからこそ、**三大流入経路に乗るようにできるだけたくさんの動画を公開するとともに、毎日1本新しい動画を公開することが大切**なのです。

ザイオンス効果でファンを増やす

私のクライアントに「タイムステーションＮＥＯ」という時計専門店を全国で80店舗以上展開している企業があります。

同社では、各務原店の店長さんがＹｏｕＴｕｂｅチャンネルを運用し、自社で取り扱っている腕時計を紹介する動画をたくさんアップしています。

取り扱っているのはセイコーやカシオ等の国内ブランドの腕時計、あるいは海外ブランドの腕時計ですから、この店でなくともどこでも購入できます。ネットでも買うことができます。

しかし、同社のＹｏｕＴｕｂｅチャンネルを見た人は、ネットで買ったりせず、「タイムステーションＮＥＯ」の店舗で購入してくれます。なかには、わざわざ各務原店まで来て買ってくれるファンもいるくらいです。

ＹｏｕＴｕｂｅを活用した販売戦略では、ユーザーが動画をいくつか視聴することによりファンになり、ファンになったことで今まで興味なかった商品の動画も視聴し、そこから興味を持ち購入に至る、という流れが王道になっています。

この店が実現しているのは、「商品を購入する→好きな人に会いに行ける」という流れです。情報発信はウェブだけど、実際に購入する際は本人に会えるという、ハイブリッド型のウェブ活用方法だと言えます。

ザイオンス効果だけが成功要因ということではありませんが、たくさんの動画を公開することがファンの獲得につながった好例といえるでしょう。

もうひとつ、ザイオンス効果が発揮された、いい例をご紹介します。

これは私のクライアントではないのですが、フジテレビのニュース番組『ＬｉｖｅＮｅｗｓ α』で紹介されていたお寿司屋さんの事例です。

２０２０年、コロナ禍のなかで東京・渋谷にオープンした「銀座渡利」。

店長はもともと銀座の寿司屋で働いていた寿司職人でしたが、２０２０年3月に個人的にYouTubeチャンネルを始め、魚のさばき方など寿司の調理動画を公開し始めました。するとそれが人気になり、多くのチャンネル登録者を獲得。さらには渋谷で寿司店を持っているオーナーの目に留まり、店長を任されることになったのです。

感染症の拡大で飲食店にとっては厳しい状況が続くなか、「銀座渡利」には多くの来客があるそうです。

その番組のなかでは、来店したお客様が「動画を見て、この人は他の料理人と違うなと思った」などとコメントしていました。

また女性のお客様は、「たとえば嵐が好きな人だったら、嵐の○○くんがここで寿司を握ってますみたいなことですよ。『動画で見たあの人の寿司が食べられるんだ』みたいな……」と語っていました。

つまり、**動画を何本も見ているうちに店長に対して安心感や親近感を抱き、「あの職人さんが握った寿司を食べてみたい！」と思い、実際に行動するに至った**というわけです。

YouTubeの動画に登場している人物をアイドルのような存在と認識しているのです。

ちなみに、この職人さんは何か特別な技術を持っているのかというと、そういうわけではないと思います。

動画で紹介されているのは、寿司職人にとっては基本的な技術ばかりで、他の寿司職人も同じような技術を持っているものと考えられます。他の寿司職人にしてみれば「わざわざ動画で紹介するようなものじゃない」と感じるのではないでしょうか。

しかし、業界にいる人にとってみれば珍しくもない動画でも、一般の消費者にとってみれば新鮮に映ります。そして、そんな技術を動画で撮影してＹｏｕＴｕｂｅに公開しているのはこの人だけ（もしくはこの人が最も多くの動画を公開していた）。

そして、見ている人にわかりやすく、誠心誠意、情報を届けるという部分ではとても素晴らしいクオリティの動画をつくっていた。

だからこそファンを獲得し、リアルでの来店に結びつけることができたのです。

まとめ

動画で接触する回数が増えるほど「ザイオンス効果」は効いてくる。
バーチャルでファンを作ることで、リアルの集客につなげられる。

07

「承認欲求」から見るSNS運用

現代は承認欲求の時代

心理学の理論のなかでもうひとつ、YouTube運用に使えるものがあります。「マズローの欲求五段階説」です。ご存知の方も多いかもしれませんが改めて説明すると、人間の欲求は左の図のように五段階に分けられるという理論です。

最も基本的な段階に生じる欲求は「生命的欲求」。食べたい、寝たいなど、生命の維持にかかわる欲求です。これが満たされると、次はひとつ上の段階の「安全欲求」を求めるようになります。そして安全な生活が実現すると、今度は「社会的欲求」、つまり他者とかかわり集団の仲間になりたいという思いが出てきます。

マズローの欲求五段階説

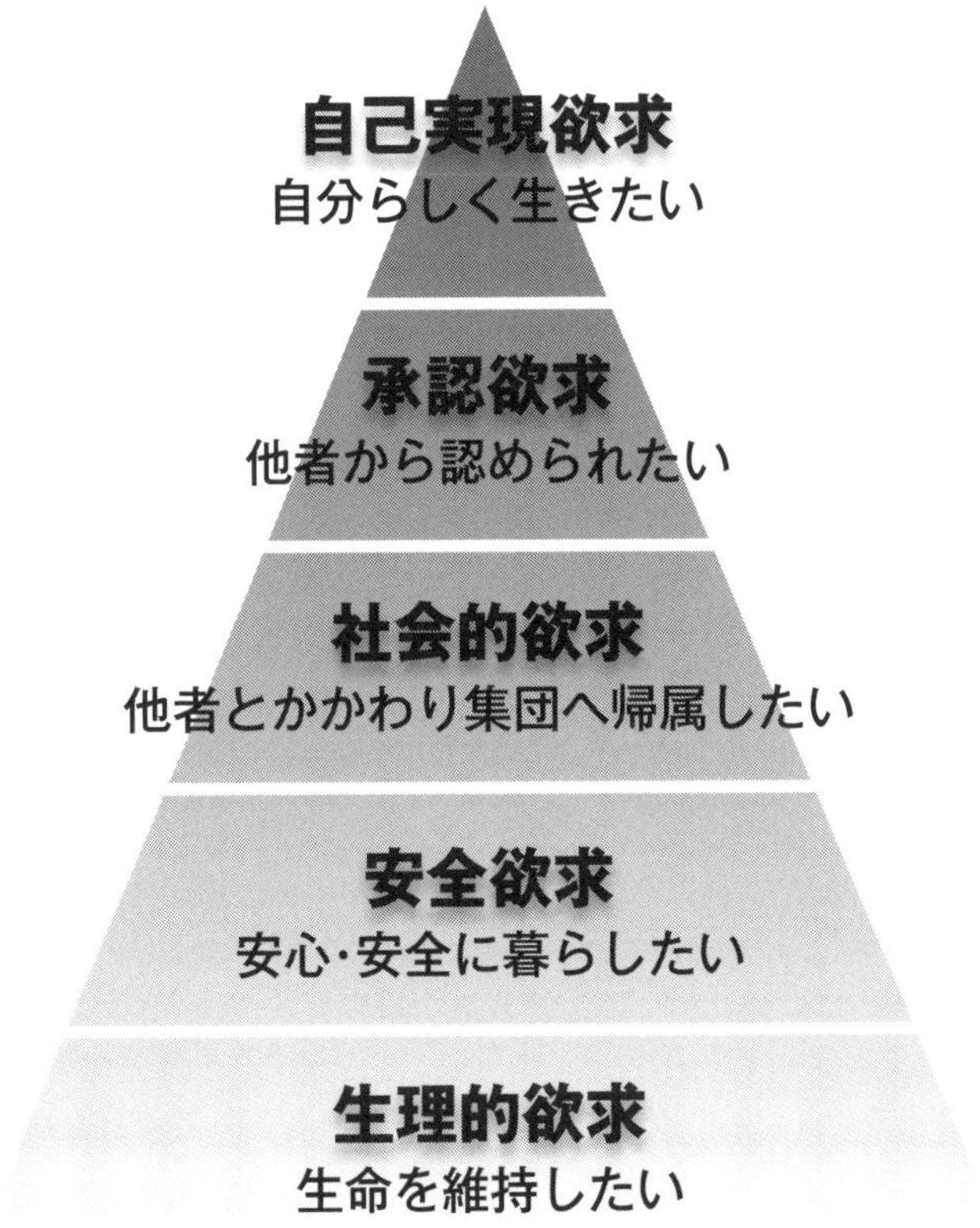

人間の欲求は五段階に分類され、生活が安定するほど「承認欲求」以上が増してくる。

これが満たされると次は「承認欲求」。他者から認められたい、あるいは自分自身を認めたいという欲求が生まれてきます。すべてが満たされると最後の段階として「自己実現の欲求」が生じることになります。

経済的に豊かになればなるほど、高次元の欲求が出てくるという理論です。

安全欲求や社会的欲求が満たされている現代人が求めているのは、上から2番目の「承認欲求」です。インスタグラムなどのソーシャルメディアには、この承認欲求を加速させる効果があると言われています。自撮り写真などを公開して「いいね」がつくと承認欲求が満たされ、さらに多くの写真を上げたくなるというわけです。

ソーシャルメディアをやらない人にとってはどうでもいいことかもしれませんが、本人たちにしてみれば、「いいね」こそが生きがいになっています。現代ほど承認欲求が人を支配している時代はなかったのではないでしょうか。

前に紹介した「Ｙａｈｏｏ！知恵袋」では、何の得をするわけでもないのに、たくさんの質問に回答している方がいます。彼らの多くは、「ベストアンサーに選ばれたい」という承認欲求を満たすためだけにせっせと回答しているのではないかと思えます。

ですから、YouTubeの運用にも承認欲求をくすぐる要素を入れてみましょう。

たとえば、**動画にコメントを書いてもらったら、まずはしっかり返信しましょう。**

中にはうれしくないコメントもあると思いますが、コメントを書く人は自分の動画を見てくれた人ですし、見た後に行動してくれた人です。視聴者のほとんどは無反応であることを考えると、わざわざ反応をくれる人は、それがどんなコメントであれありがたいといえます。

また、コメントした本人以外の他の視聴者がどうコメントを返しているかもきちんと見ています。

そして次の動画で「先日こんなコメントをいただいたんですが……」と回答してみるのもいいですね。回答してもらった人にしてみれば、「私のコメントをきちんと読んでくれたんだな」「私の存在を認めてくれた」とうれしく感じるでしょう。

ここでもリアルで考えるとわかりやすいと思います。

子どもの頃、球場に野球を見に行き、選手にサインをねだりました。そんなときに、快くサインしてくれた選手のことは、その後もずっと好きでした。

ファンレターを書いて、返信が来たときも特別な思いになるでしょう。

相手から存在を認められたという経験が、より深いファンをつくっていくのです。

また、**限定公開動画を作って送るというのもひとつのやり方です。**

YouTubeには「限定公開」といって、リンクを知っているユーザーのみが表示し、共有できる動画の公開方法があります。

お客様からの問い合わせに対する回答や、あるいはお客様に対する個別メッセージを、限定公開動画にして見てもらうのです。そうすることで動画を受け取ったお客様は、自分が特別扱いされていると感じることができます。

その結果、自社のファンになってもらうことができるのです。

まとめ

SNS時代は「承認欲求」の時代。
コメントが入ったらすぐに返信をして、ファンを増やしていこう。

第5章

超具体的、超テクニカルYouTubeこれでフル活用!〈発展編〉

01

動画の投稿時間は視聴者層によって異なる

「お知らせ」が届く時間の設定も相手のことを考えて

YouTubeでは公開予約ができるので、予約時間を設定しておくことで任意のタイミングで動画を公開することが可能です。

では、少しでも多くの人に見てもらうために、公開時間はいつに設定するのがいいのでしょうか。

まず、やめておいたほうがいいのは、誰も気づかない時間帯に公開することです。

ユーザーは、自分の登録しているチャンネルが新規動画を公開したときに、お知らせを受け取るかどうかを設定できます。お知らせの設定には3段階あって、「すべて」「カスタマイズされた通知のみ」「なし」から選べます。

チャンネル登録してくれているユーザーが「すべて」や「カスタマイズされた通知のみ」を選んでいた場合は、チャンネル運営者が動画を公開すると、ユーザーに通知が届くことになります。

もし夜中に動画を公開したら、ユーザーが寝ている最中に携帯の着信音が鳴ってお知らせが届き、それで睡眠を妨害してしまう可能性もあるでしょう。その結果、せっかく通知ONにしてくれたユーザーに悪い印象を与え、通知を解除されてしまいます。

また、お知らせを見逃されてしまう可能性が高くなります。わざわざお知らせに気づかない時間帯に動画を公開することは、チャンスを逃がしていることになります。

なお、多くのユーチューバーが公開しているのは19時です。

仕事や学校からの帰宅後で在宅率が高く、YouTubeの動画もよく見られるようになる時間帯だからです。テレビのゴールデンタイムと一緒ですね。

では自社の動画も19時に公開すればいいのかというと、それも間違い。ユーチューバーたちと競合することになってしまうからです。

興味を引くユーチューバーの動画と比べられて、自社の動画は後回しにされてしまうでしょう。ユーチューバーと喧嘩するのは得策ではありません。

チャンネル アナリティクスを見て最適な時間帯を決める

では何時に公開するのがベストなのか。それはターゲットとしている視聴者によって異なります。

たとえば学生をターゲットにしていたら、授業や部活が終わる16〜18時くらいに公開すれば、学校帰りの電車の中や帰宅後に見てもらえるかもしれません。また20代の若い層をターゲットにするなら、19時台よりも、21〜22時といった遅い時間帯の方がいいでしょう。高齢者向けだったら午前中、主婦向けだったら家事が一段落した午後が適しているのではないかと予想できます。

ターゲットにしている視聴者の行動を予測して、最適な公開時間はいつなのか仮説を立てて検証してみてください。

ただ、仮説を立てるのは最初だけで構いません。実際に動画を何本か公開したら、後はYouTubeが最適な時間帯を教えてくれるからです。

YouTubeの管理画面（YouTube Studio）には、自社のYouTubeチャンネルに関するさまざまな情報を収集・分析できる**「チャンネル アナリティクス」**という機能が備わっています。チャンネル アナリティクスを見れば、自社の動画が最も見られている時間帯を知ることが可能です。

チャンネル アナリティクスの「視聴者」タブを開くと、視聴者がYouTubeにアクセスしている時間帯がグラフで表示されています。たとえば16時以降が少し濃い色になっていたら、そのあたりが最もよく見られ始める時間帯ということです。よく見られる時間帯の少し前に、公開予約を設定しておくといいでしょう。

チャンネル アナリティクスでは他にもいろいろなデータを取得できます。たとえば「視

チャンネル アナリティクスの画面例

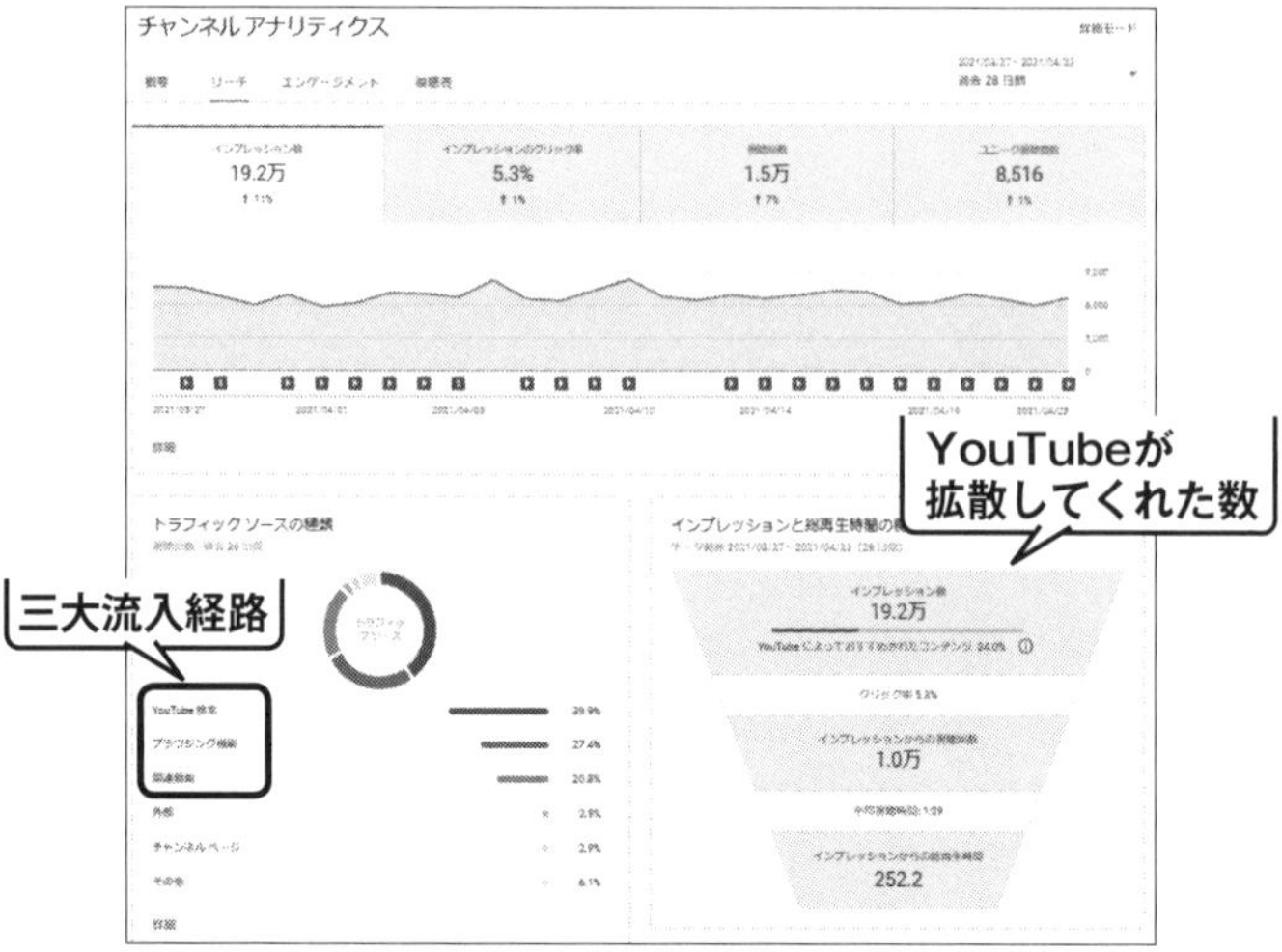

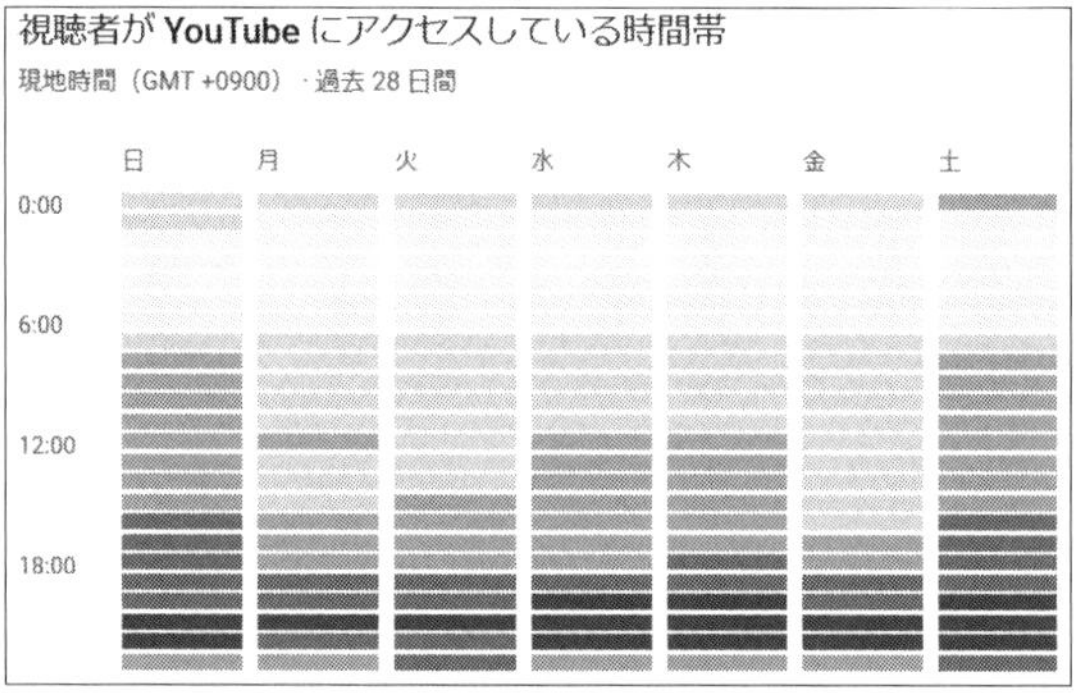

チャンネル アナリティクスでは、最新の統計情報とレポートでチャンネルや個々の動画の状況を確認できる

聴者」タブだけでも、

・視聴者の地域別分布
・年齢と性別
・視聴者がＹｏｕＴｕｂｅにアクセスしている時間帯

などがわかります。チャンネル アナリティクスの「視聴者がアクセスしている時間帯」は、少し前までは提供されていなかった機能と、スマホでは表示されないので、その存在を知らない人もいるかもしれません。

豊富な分析機能が備わっており、使い方次第で非常に強力なサポートツールとなってくれるので、ぜひ活用してみてください。

まとめ

動画を公開する時間帯はターゲット層によって決まっていく。「チャンネル アナリティクス」で最も動画が見られている時間がわかる。

02 大切なのは再生数ではなく視聴者維持率！

1本の動画の時間は長くなくてもいい

「1本の動画の長さはどれくらいにするのがいいですか？」

これもよく聞かれる質問のひとつです。

YouTubeとしては、長時間の動画をなるべく長く見てもらったほうが、視聴者の動画に対する満足度は高まるという見解を示しています。

そこで重要になるキーワードが**「視聴者維持率」**です。

視聴者維持率とは、その動画にどれくらいの長さで視聴者を留めておくことができたかを測った数字です。

たとえば10分の動画の視聴者維持率が20％なら、視聴者は平均2分しか見ていないことになります。長い動画を作り、視聴者維持率を高く保つことができれば、それは非常に優れた動画といえます。

YouTubeの目指しているのはそのような良質な動画コンテンツが多数公開されている状態です。

ただし当然ですが、長い動画を長く見てもらうには、それだけ質の高い動画を提供しなければならず、これはユーチューバーや映像のプロでも難しい問題といえるでしょう。

ちなみに人気のユーチューバーの動画を調べると、10分以上の長さのものが多くなっています。これは、10分以上の動画を公開しないと、動画の途中に配信される「ミッドロール広告」がつかなかったためです（2020年8月からは、10分→8分に変更されました）。

企業の運営するYouTubeチャンネルでは広告を付ける必要はありませんから、8分以上という長さを気にする必要はありません。

では何分が適切かというと、これについて答えはありません。3分であろうと15分であろうと、視聴者が見たいと思ってくれるような動画を作るべきです。

視聴者維持率を高く保つため、目安は1分半

とはいえ、目安はあります。**私は「1分半」だと考えています。**

YouTube運用において重視したいのは、動画の長さよりも再生回数よりも、視聴者維持率です。先ほども説明した通り、YouTubeからは、視聴者維持率が高い動画ほど質の高い動画だと評価されるからです。

視聴者維持率をできるだけ高く保つにはどうすればいいでしょうか。

もちろん質の高い動画を作ることもひとつですが、もうひとつの方法は、**視聴者維持率が落ちる前に動画を終わらせることです。**

YouTubeの動画全体の平均では、開始から1分半で視聴者が離脱するケースが多いと言われています。逆に言えば、1分半くらいまでは見てくれる人が多いということ。

そこから考えると、1分半程度の動画を作れば、視聴者維持率を比較的高くキープしたまま最後まで見てもらうことができると考えられます。

実際に自分が動画を見るときを思い出してみましょう。最初に興味を持った動画なら、

その後1分半くらいまでは見てしまうことが多いのではないでしょうか。また、長い動画だと1本見るだけで満足してしまい、チャンネル内の他の動画に行きにくくなります。動画も腹八分目にしておけば、チャンネル内の他の動画に移動してもらいやすくなります。

したがって始めた当初は1分半程度を目安に動画を作成してみてください。そして慣れてきたら、動画の内容に応じて少し長めの動画も作るようにしてみるといいでしょう。

なお各動画の視聴者維持率はチャンネルアナリティクスで確認でき、動画内での視聴者維持率がどのように推移しているかグラフで表示することもできます。

急激な落ち込みがある箇所では何が問題だったのかを分析することで、次の動画の作成に生かすことが可能です。

まとめ

1本の動画の長さを決めるのは「視聴者維持率」。目安になるのは視聴者が離脱する平均的長さの「1分半」。

03 運用当初は動画の中身より、タイトルと説明文が大切！

タイトルは動画の顔。慎重に考えて作成を

これまでも説明してきましたが、YouTube運用において大切なことは、まず本数を多く上げること。

100本を目安にたくさんの動画を公開することで、YouTubeの三大流入経路に載って拡散されやすくなり、多くの人の目に留まります。

その次に大切なことは、たくさんの動画が並ぶなかからクリックして再生してもらうことです。そのためにはサムネイルが重要でした。動画の中身をあれこれと考えるのは再生されるようになってからでいいのです。

サムネイルと同じくらいに重要な、動画をクリックしてもらう決め手となる要素があります。

それは**「タイトル」と「説明文」**です。

タイトルの付け方のポイントは、動画の内容が一目で理解できるような、わかりやすい文章にすること。その際、自社の商品やサービスに関連するキーワードを盛り込むようにすると、ユーザーの検索結果とマッチングしやすくなります。

タイトルの長さは、短すぎれば内容を的確に伝えられませんし、長すぎるとスマホで省略表示されたときに途中で省略されてしまい、やはり内容が伝わりません。

長すぎず短すぎず、30文字前後でつけるようにしましょう。

また、興味を引くようなキャッチーなタイトルを付けることは大切なのですが、それが動画の内容と異なってしまうのは問題です。

そのような釣りタイトルを使ってクリックを誘っても、動画の内容と異なっていれば視聴者を裏切る結果になってしまい、低い評価を推されてしまったり、すぐに離脱されてしまったりします。

動画とまったく関係のないタイトルをつければＧｏｏｇｌｅのポリシーに違反することにもなるので注意してください。

タイトルの付け方に迷ったら、Ｇｏｏｇｌｅトレンドを活用

タイトルも、マーケットイン思考が重要です。

たとえば結婚式業界でいえば、「結婚式」「ウェディング」「ブライダル」……と同じ意味で異なる言葉がいくつかあります。

なかには「ウェディング」「ウエディング」の違い（「エ」が大きいか小さいか）をブランドで決めている会社もあります。

しかしこれもブランドイメージとしては大切なのかもしれませんが、ユーザーに検索されない単語を使ってもウェブの世界ではあまり意味がありません。

では一般の方たちがどんな単語で検索しているのか。それが無料で簡単にわかるツールが、「Ｇｏｏｇｌｅトレンド」(trends.google.co.jp）です。

先ほどの「結婚式」「ウェディング」「ブライダル」の3つの単語をGoogleトレンドに入力して比較してみると、「結婚式」が圧倒的に検索されており、他の2つとは比べ物にならないことがわかります。

「ウェディング」と「ウエディング」の比較では、「ウェディング」が勝ちます。

このように、同じような単語でも、どちらの方が検索ワードとしてより多く使われているのかを知ることができるツールです。困ったり迷ったりした際には、必ずGoogleトレンドに聞いてみてください。

ちなみに、結婚式場は「ア」から始まる名前が多いと思いませんか？

これはなぜかと言うと、昔「ゼクシィ」は電話帳と同じ、あいうえお順で掲載していたから。

少しでも前のほうに掲載されたい企業が、「ア」から始まる名前に変更したという歴史があります。

結婚式場だけでなく、まだウェブがないころ、電話帳で検索されやすい業種は同じように、あいうえお順で少しでも前のほうにくる名前を付けていました。今でいう、SEO対策ですね。

海外でも同じことが行われています。有名なところだと「アマゾン」も、「A」から始まる名前にしたいからと付けられたそうです。

説明文は最初の3行でしっかりと伝える

説明文の欄では、多くの文章を記載することができますが、パソコンで見た場合に表示されるのは最初の3行だけ。視聴者が「もっと見る」をクリックすることで、はじめてその下に続く文章が表示されます。

したがって、**説明文は最初の3行が勝負です。この3行の中に視聴者の求めるキーワードを折り込みつつ伝えたい内容をまとめるようにしてください。**

よくあるのが、最初の3行を定型パターンにして、どの動画でも同じになっているケース。これはとてももったいない。他の動画と差別化を図る意味でも、説明文の最初3行は

タイトルや説明文の見え方

タイトルと説明文はシンプルかつわかりやすいように

動画ごとに変えたほうがいいでしょう。

タイトルにしても説明文にしても、大切なことは「マーケットイン」の発想です。視聴者が何を求めているか、どんな課題を抱えているかを想定して、それに対して解決策を提供するようなタイトルや説明文を作成してください。

もちろん説明文はＶＳＥＯ対策でもあるので、その動画がどういう動画かをわかりやすく、Ｇｏｏｇｌｅに説明することも大切です。

まとめ

タイトルはＧｏｏｇｌｅトレンドに上がる検索ワードを。
説明文は最初の３行でしっかりと内容が伝わるものを。

04 再生リストはレストランのメニューと同じ！

動画をグループ化して表示する機能

公開している動画の本数が増えてきたら、視聴者がチャンネルページを訪れたときのために「再生リスト」を設定しましょう。

再生リストを設定していないと、チャンネルページのトップ画面には、アップロード済みの動画が並ぶだけになってしまいます。

再生リストは動画をグループ化して表示する機能です。グループ化されていれば、視聴者はテーマに沿って動画を選びやすくなるだけでなく、ひとつの再生リスト内の動画を連続して再生することもできます。

再生リストの例

チャンネルページトップ画面

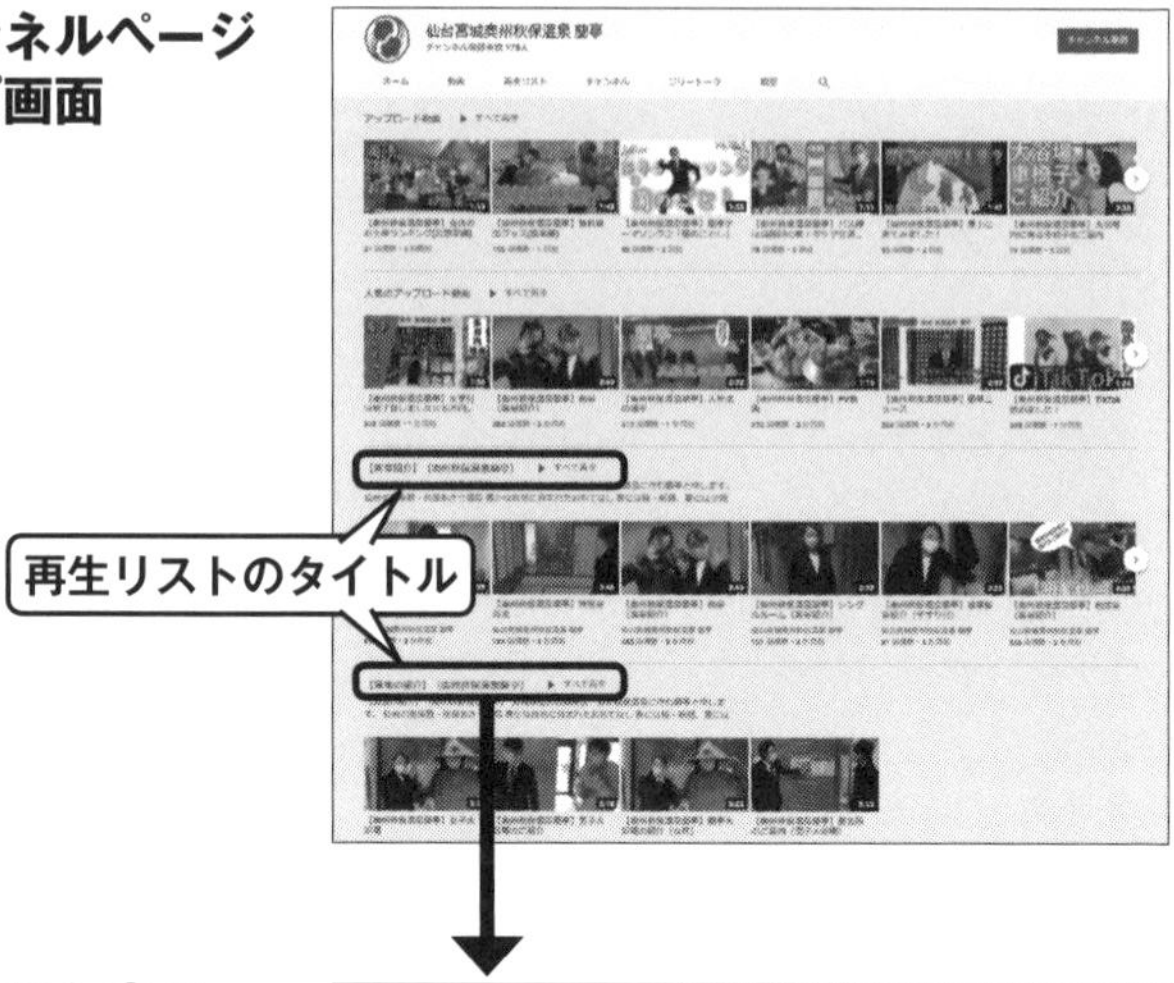

再生リスト内の動画一覧

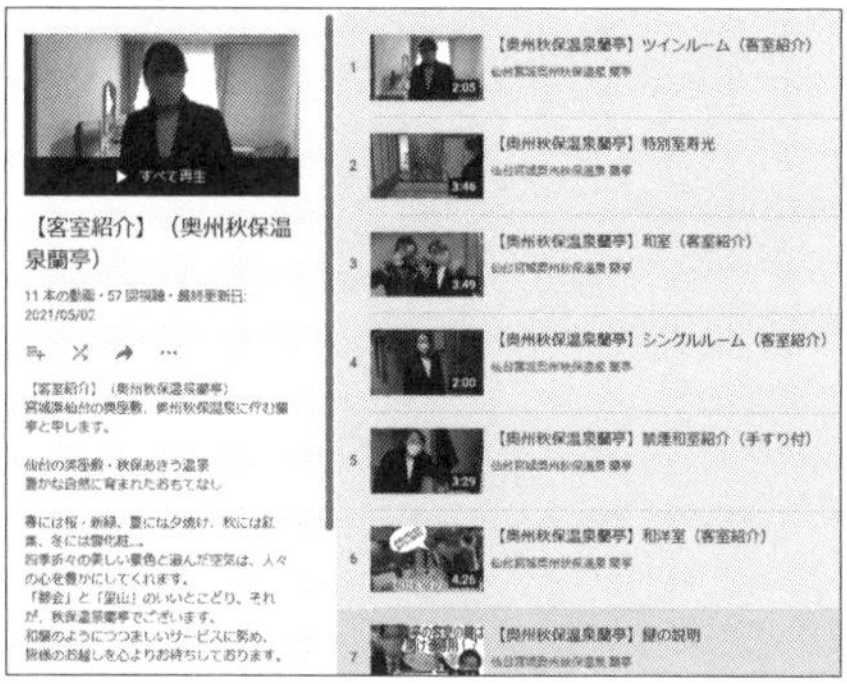

再生リストは大量の動画を整理してグループ化してくれる

いわば再生リストは、レストランでいうメニューです。数多くあるメニューの情報をわかりやすく提示するためには、ジャンルごとに整理する必要があるのです。

再生リストの設定は、管理画面の「再生リスト」から行うことができます。

ポイントは、視聴者が見た時にわかりやすいように、マーケットイン思考でタイトルを付けて動画をグループ分けすることです。

といっても難しく考える必要はありません。ホテルなら「客室の紹介」「温泉の紹介」「料理の紹介」など、ホームページのメニューと同じように分類すればいいでしょう。

やめたほうがいいのは、英語（ローマ字）や製品番号など、パッと見て理解できない名称を付けることです。

分類している自分たちはわかったとしても、視聴者に伝わらなければ意味がありません。

もう一点、再生リストに関して知っておきたいことがあります。

トップページの再生リストには、ＰＣモニタの解像度にもよりますが、４、５本の動画が表示されます。

この動画の順番も設定で変えられますが、デフォルトの設定では、最初に入れた動画が常に再生リストの先頭に表示され続けることになっています。この再生リストに新しい動画を追加しても、表示順は変わりません。

この再生リスト内の表示順は設定で変えることができます。

見てほしい動画を最初の方に持ってくるなど、定期的に再生リストの順番も見直して整理するようにしてください。

まとめ

公開動画が増えてきたら再生リスト機能を使ってグループ化。見てほしい動画がリストの最初のほうに持ってくるなどの工夫も。

05 ライブ配信にはメリットもデメリットもある

双方向性というメリットはあるものの……

YouTubeの運用をスタートし、動画の作成や公開にも慣れてくると、ライブ配信にチャレンジしたくなってきます。

実際にYouTube運用者の多くはライブ配信を行い、視聴者との交流を楽しんでいるケースが多いといえます。

企業のYouTube運営におけるライブ配信のメリット・デメリットを考えてみましょう。

まずメリットですが、ひとつは、視聴者が登録チャンネル一覧を見たときに、ライブ配信中のチャンネルには赤いロゴが付いて上位に表示されること。ライブ配信中であることに気づいてもらいやすい仕様になっているということです。

もうひとつは、視聴者と双方向のコミュニケーションがとれること。ライブ配信を見てくれている人からの質問を受け付け、それにリアルタイムで答えるといったことが可能です。

リアルのセミナーで行う質疑応答と同じようなやり取りがインターネット上で行えるのです。

また、ライブ配信を行った様子もアーカイブ動画として公開できます。公開本数が1本増えることは小さいながらもメリットといえます。

次にデメリットですが、まず、通信環境や機材の不調により高品質な映像が提供できないケースもあることです。

配信側がいくらきちんとした機材を揃えたつもりでも、何らかの不具合で音声や映像が正しく配信できないことはよくあります。

それがYouTube側あるいは視聴者側の問題だったなら手の打ちようがありません。

好きなアイドルのライブ配信ならば、視聴者も多少は我慢してくれるかもしれませんが、企業のセミナーやプレゼンテーションではそんな我慢はしてくれません。すぐに離脱されてしまうでしょう。

また、時間の制約が生じてしまう点もデメリットです。

時間や場所にとらわれずに情報提供できるのがYouTubeの大きなメリットですが、ライブ配信では時間が決められています。せっかくのインターネットの優れた点をひとつ失ってしまうことになります。

また、先ほど紹介したメリットも、よく考えればほとんど意味はありません。

たとえば視聴者と双方向でやり取りすることは、実はあまりメリットではないのです。リアルのセミナーで、質疑応答の際に活発に質問の手が挙がることはなかなかありません。ライブ配信をやってもそれは同じです。

動画の本数が1本増えることも気休め程度の効果しかありません。コンパクトに内容がまとまっている動画が他にあれば、ライブ配信動画をわざわざ好き好んで見てくれる人はいないからです。

以上のことを考えると、**ライブ配信はほとんど効果がないと言っていいでしょう。**

もちろん、リアルのセミナーを開催した時に多くの来場者を集められるような企業なら、YouTubeライブ配信を行っても多くの視聴者が見てくれるでしょう。

そうでないならば、ライブ配信をやったところで残念な結果になることは目に見えています。

「ライブ配信すれば見てくれるかも」などと都合のよいことは考えずに、録画した動画をコツコツと公開することに力を注ぎましょう。

まとめ

企業のYouTube運営におけるライブ配信はあまりメリットがない。その余力を録画動画の公開に注入していくほうがよい。

06 YouTubeとインスタは相性がよくない？

ネット企業同士でユーザーの取り合いをしている

YouTubeを運用している企業では、YouTube以外のソーシャルメディアも活用しているケースがあるかもしれません。YouTubeとそれ以外のソーシャルメディアではどう違い、どう使い分ければいいのか。そのポイントを説明します。

まず前提として理解しておきたいのは、**YouTubeとGoogleは同じ会社であり、一方、インスタグラムとフェイスブックも同じ会社である**という点です。

そしてGoogleとフェイスブックは巨大インターネット企業としてライバル関係にあります。したがって、お互いに相手側のサイトにユーザーを送るようなことは避けたいと考えています。

たとえばフェイスブックの投稿にYouTubeへのリンクを貼った場合、フェイスブック内ではその投稿はシェアされにくいという現象があります。

また、インスタグラムにYouTubeのURLを記載することはできても、リンクとしては機能しません（クリックしてもYouTubeに飛ばない）。

なぜそんな仕様になっているのかといえば、Googleとフェイスブックがライバル関係にあるからです。当然といえば当然の話です。


それを踏まえた上で、ビジネスでの活用を考えるとしたらどのソーシャルメディアを使うのがいいのか。

商品にもよりますが、商品・サービスの販売につながりやすいのはYouTubeといえるでしょう。

その理由は、第1章でも説明したように、動画は写真と文字では伝えられないリアルな情報を伝えることができるコンテンツであり、今後ますます動画が求められる時代になっていくからです。

ストック型とフロー型のソーシャルメディアがある

もうひとつ、YouTubeがいいと言える理由は、YouTubeが「ストック型」のソーシャルメディアだからです。

YouTubeの動画は、1回投稿したらそれで終わりではありません。動画を公開設定にしている限り、視聴者はその動画にいつでもたどり着き、再生できます。YouTube内の検索からだけでなく、Googleの検索からも動画にたどり着きます。

YouTubeチャンネルに投稿した動画が増えるに従い、そのチャンネルパワーは高まっていき、検索結果などの流入経路から動画にアクセスが集まりやすくなっていきます。

1本1本の動画が着実に資産として積み上がっていくという意味で、YouTubeはストック型なのです。

一方、フェイスブックやツイッター、インスタグラムは「フロー型」です。

それらのソーシャルメディアに投稿されるのは短い文章と写真が基本。投稿は次から次へと流れていき、最新の情報に重きが置かれるので、ユーザーは過去の投稿を遡って確認することはあまりありません。

大きなポイントはそれらのソーシャルメディアとＧｏｏｇｌｅ検索との相性がとても悪いことです。Ｇｏｏｇｌｅで検索してもフェイスブックやインスタグラムの投稿は表示されませんし、ツイッターの投稿も表示されにくいのです。

これらのフロー型ソーシャルメディアは、投稿を継続しなければ集客力をキープできない一方で、投稿し続けた情報がストックとして活用されないというデメリットがあります。

したがって、これからの企業のソーシャルメディア活用は、ＹｏｕＴｕｂｅを中心に据えて、ＹｏｕＴｕｂｅにどう流入を集めるかという視点が必要になってくるでしょう。

よくある勘違いが、自社のホームページからＹｏｕＴｕｂｅへとユーザーは遷移すると思ってしまうこと。少し前まではその流れが一般的でしたが今は違います。

ＹｏｕＴｕｂｅやＧｏｏｇｌｅで検索をかけて、ＹｏｕＴｕｂｅ上にある動画を見て、その商品・サービスに興味を持ってくれた人がホームページに訪れて詳しい情報を確認する、という流れが一般的になっています。「ホームページ→動画」ではなく、「動画→ホームページ」が主流になっているわけです。

したがって情報の拡散を狙うなら、まずはYouTubeにたくさんの動画を投稿することが得策と言えるわけです。YouTubeにたくさんの動画を投稿することは、動画の説明欄に記載したリンクから自社ホームページへの流入が期待できるだけでなく、SEO的な視点でホームページの価値を高めることにもつながります。

Google検索の順位は基本的に、「信頼できるサイトからの被リンクが多いサイトは、やはり信頼できるサイトである」という考えに基づいて決まっています。YouTubeからのリンクが多いサイトは、Googleにとっても信頼できるサイトと評価できるので、SEO対策にも強くなるということです。

まとめ

ストック型のYouTubeはフロー型のSNSとは相性がよくない。Googleを活用してホームページに流れていくような導線を考えよう。

07 新規顧客への拡散だけでなく、既存客の単価アップや満足度アップも！

その分野の専門家に、より深い説明をしてもらう

これまで、基本的に新規顧客を獲得するという目線のＹｏｕＴｕｂｅ運用の方法を解説してきましたが、ＹｏｕＴｕｂｅでできることはそれだけではありません。既存顧客の単価や満足度をアップするためのアプローチにも活用できます。

そのためには説明動画を上手に活用すればいいでしょう。

私がいたブライダル業界を例に説明します。

結婚式・披露宴を実施するとなったら、お客様が決めることはものすごくたくさんあり

ます。

会場はどこを使うのか。料理は和洋中どれにするか、いくらのランクのものにするのか。ウェディングケーキは、衣装は、写真は、お花は、映像は……とまあ本当にたくさんのことを決めていかなければなりません。

それぞれの部門には担当者がいますが、基本的には各担当者ではなくプランナーが窓口となってお客様と打ち合わせを行います。

料理なら、「1万3千円、1万5千円、1万8千円の料理があり、こんな違いがあります。どれがいいですか？」と話を詰めていくわけです。

そのときにプランナーが説明をするよりも、料理長がきちんと説明をした方が、単価の高い料理を選んでくれる可能性が高まりますよね。

とはいえ料理長は忙しいので、そんな打ち合わせに出ることはできません。しかし料理長のコピーなら作ることはできます。

つまり動画で料理の説明をしてYouTubeにアップして、それをお客様に見てもらうという作戦です。

これによって、プランナーの言葉では説明しきれなかったワンランク上の料理の魅力をお客様に理解してもらうことができます。

お客様にしても、料理の話はプランナーから説明されるよりも、その道のプロである料理長から聞きたいという思いがあるかもしれません。

また、料理など招待客に関わることは、本人たち以外に両親が関わってくる場合もあります。

動画を作成しておけば、プロの意見を場所も時間もとらわれることなく本人たちも見返すことができますし、必要な部分では両親などに動画を見てもらい意見を聞くことも可能です。

このようにして、**すでに購入してくれた（契約してくれた）顧客に対して、動画を通してより深い情報を提供することで、単価アップや満足度アップが期待できるのです。**

第4章で腕時計店の事例を紹介しましたが、あの時計店で動画に出ている店長さんは、トークが軽妙でお客様の信頼を獲得できそうということでYouTube担当に選ばれています。

YouTubeのメイン担当者としてはそのような人が適しているのですが、既存顧客対応の動画を作るとなるとまた別のテイストで人選してもいいかもしれません。
たとえば社内に時計について異常に詳しい人がいれば、その人に商品説明を語ってもらう方法もありでしょう。職人がしゃべっているような説得力のある動画を作ることができ、新たな展開が期待できるのではないでしょうか。

まとめ

YouTubeでは既存の顧客にも、より深い情報を提供できる。単価アップ、満足度アップを狙って新しい動画を公開していこう。

08 ＹｏｕＴｕｂｅでファンづくりができれば求人には困らない！

ドライバー不足をＹｏｕＴｕｂｅで解決

ＹｏｕＴｕｂｅは新規顧客の獲得や既存顧客の満足度向上だけでなく、採用にも活用できます。

これは私のクライアントではなく、友人の会社の例です。愛知県で運送業を行っているライフバンク株式会社で、私がＹｏｕＴｕｂｅ運用を少しお手伝いしました。

運送業界では常にドライバー不足という問題を抱えていて、どの会社も年がら年中中途採用を行っています。

採用媒体に広告を載せて実際に人材を獲得するまでには、ドライバー1人あたり50万円

採用を目的としたYouTube運営の例

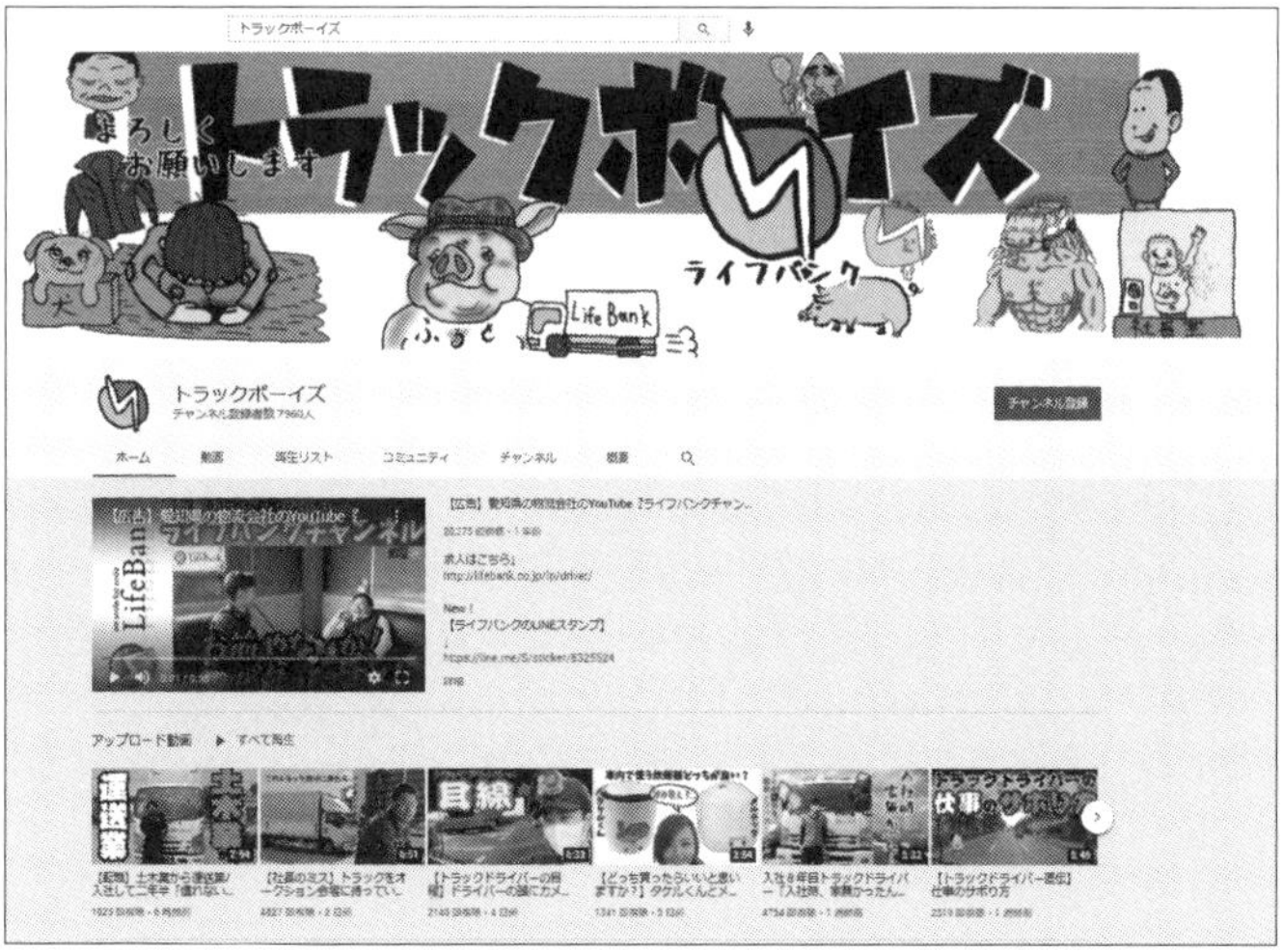

ライフバンク株式会社のYouTubeチャンネル。

から100万円の経費がかかるので、採用コストの抑制は大きな経営課題となっています。

ライフバンクでは、この問題を何とかするために、2017年に採用だけを目的としてYouTube運用をスタートしました。

どんな動画を公開しているかというと、社員同士が和気あいあいと遊んでいるような動画や、社長をいじっているような、ゆるい動画が中心です。

これにも理由があります。運送業界は昔ながらの業界なので、社長や先輩社員が偉そうにしている会社が非常に多いのだとか。そこでライフバンクのような和気あいあいとした雰囲気を動画にすれば、職場の人間関係に悩んでいるドライバーにアピールできるという計算です。

実際にこの作戦が当たり、地元愛知はもちろん全国から「働きたい」というドライバーが応募してきてくれるようになりました。

現在では採用媒体への広告出稿は一切行わず、年間20人前後のドライバー採用に成功しています。採用コストを1千万円以上削減できている計算になります。

社内の雰囲気を伝える動画を

このようなYouTubeの活用方法は他の企業でも実践できます。

中途採用だけでなく新卒採用向けの情報提供にもYouTubeを活用してはいかがでしょうか。

たとえば入社前に企業の雰囲気を知ってもらうための施策としてインターン受け入れがありますが、受け入れられる人数にも限度がありますよね。

YouTubeで社内の様子を動画で公開すれば、バーチャルインターンとして雰囲気を知ってもらうことができます。

その動画に社長も登場して、気さくな雰囲気でコミュニケーションをとれば、社長と社員の距離が近いことをアピールできます。

パンフレットやホームページなど、採用のための媒体にもいろいろありますが、社内のいつもの雰囲気・空気感まではなかなか伝わりづらいもの。社長の人柄だってなかなか伝わりません。

動画であればそれを伝えることができ、見た人にその企業のファンになってもらうこともできるのです。

また応募者は事前にYouTubeの動画を見て、社内の雰囲気を知ったうえで応募してきてくれるので、「入社してみたら、思っていたような会社じゃなかった」「社長のノリについていけない」といったミスマッチが生じづらくなるメリットもあります。

採用シーンで動画はどれくらい活用されているのか？

就職活動において動画はどのくらい活用されているのでしょうか。

新卒向け就職エージェント「キャリアチケット」を運営するレバレジーズ株式会社が2020年7月27日に発表した「就職活動におけるスマートフォンの活用と採用動画視聴に関するアンケート調査」が参考になります。

この調査によれば、「就職活動において採用動画をどのように視聴しているか」という質問に対して、約5割が「YouTube」と回答し、その割合は前年よりも大幅に増えています。新型コロナウイルスの影響により、説明会をYouTubeで開催する企業が増えていることが背景にあると考えられます。

また、「動画視聴後の志望度の変化」を聞いた質問では、「上がった」が57％、「大きく上がった」が27％となり、合わせて8割以上の学生が採用動画を見たことによって志望する気持ちが上がったことがわかります。

「採用動画はあったほうがいいと思うか」の質問では、「とても思う」と「思う」が9割を占めました。多くの学生が採用動画を肯定的に捉えていることを示しています。

一方、企業のPRだけでなく、学生のPRにも動画は使われています。

2019年は約300社が採用していた「自己PR動画選考」を、コロナ禍で新たに採用する例が増えたそうです。

それまで自己PR動画の提出は、学生への負担が大きいと考えられていました。

しかしコロナ禍になってからは、非接触で選考できるうえ、その人の持つ雰囲気や人柄、積極性、意欲を正確に判断しやすい手段として、企業も学生も好んで使うようになっています。

ちなみにアメリカの企業ではコロナ以前も、人事部長の63％が動画面接を採用していたというデータがあります。

就職関連での動画活用は今後ますます加速していくと思われます。

YouTube運用は投資と考える

採用コストの削減はＹｏｕＴｕｂｅ運用を行ううえで想定しやすいメリットのひとつといえるでしょう。一定の効果が期待できるわけですから、ＹｏｕＴｕｂｅ運用を始めるにあたって、それなりの予算を投入してからスタートすることも可能といえます。

採用向けＹｏｕＴｕｂｅに限らず、予算ゼロで運用をスタートして大きな効果を得ようと考えてもそううまくはいきません。

数名のＹｏｕＴｕｂｅ運用チームを作り、週に数時間の作業時間を設けて、一定の予算をかけて運用を始めることをおすすめします。

たとえば１００万円の予算があれば、編集作業の外注にお金を使えるので、社員は動画の企画と撮影に集中することができます。ちょっとしたロケに行って特別な動画を作ることも可能でしょう。

そのようにしばらくプロジェクトを進めてみて、効果を分析しながら改善していくというかたちで、徐々にYouTube運用のレベルを上げていってください。

まとめ

YouTubeは求人メディアとしても有効な実力を発揮する。
ある程度の予算をかけた採用動画を作れば十分な効果が期待できる。

おわりに

私は2008年からYouTubeを活用していますが、2020年にYouTubeをビジネスに活用しようとする企業は格段に増えてきたと感じています。

今までは企業向けにYouTubeのビジネス活用を積極的に提案してきましたが、2020年以降はYouTubeへの認識が変わり、こちらから提案する必要すらなくなってきました。

原稿を書いている現在も、多くの企業からお問い合わせをいただいております。

しかし、「どんな情報発信をしたいのか?」「自社の強みは何か?」と聞いても、上場している大企業でさえ特に考えていないことが多く、問い合わせの多くが「YouTubeを活用して、ただ売り上げを伸ばしたい」です。

ＹｏｕＴｕｂｅへの認識は変わり、ビジネス活用が一般化してきたことはとても嬉しいことですが、どのように運用すれば良いかは、まだまだわからない方が多いようです。そして多くの企業が間違った使い方をし、せっかく始めたのに「ＹｏｕＴｕｂｅを使っても結果が出ない」となっているのが現状です。活用方法が悪いだけでＹｏｕＴｕｂｅ自体が悪いわけではないのに、そんな認識が広まるのはとても悲しく思います。

そこで私が今まで試行錯誤してきたことの中から、実際に結果が出ている方法や考え方を少しでも多くの方にお伝えできればと思い、書籍を出すことに決めました。

ＹｏｕＴｕｂｅ運用でうまくいかない企業が減り、ＹｏｕＴｕｂｅのビジネス活用が広まれば、消費者にとっても、いつでもどこでも動画で情報を受け取れる世の中になり、ウェブの世界がより使いやすく、ネットで騙される人も少なくなるのではと考えます。

大量販売・大量消費時代は昭和の時代に終わっています。マーケティング手法も、そこから早く脱却しなければ先はありません。

経済が発展し、現在では人口が減少している日本の市場は、「量的拡大」から「質的拡充」、「成長」から「成熟」に変化しています。この時代の変化を理解しなければ、企業の未来はありません。

当たり前ですがこの部分を理解していない限り、何をしても消費者に情報は届きません。いくらＹｏｕＴｕｂｅを活用したところで、逆効果です。

日本は欧米に比べ、マーケティングや心理学への理解が何十年も遅れていると言われています。逆に言えば、今までは遅れていても成り立っていたので、必要なかったのかもしれません。

しかし２０２０年、世の中の多くのことが急激に変化しました。同じ業種業態でも、うまくいっている企業とそうでない企業の差がはっきり出てきています。

それはコロナがきっかけでしたが、コロナによってだめになったのではなく、生き残っていける企業とそうでない企業の選別が、加速しただけだと思います。

ＹｏｕＴｕｂｅのビジネス活用においては、動画を活用することで、良い企業はより良く、悪い企業はより悪く、企業の活動内容が知られることになります。

では悪い企業はＹｏｕＴｕｂｅに取り組まなければいいかと言えば、そうではありません。現状がうまくいってないということは、何かしら原因があるからです。

この本ではＹｏｕＴｕｂｅの話をしていますが、経営の考え方として基本的な部分も書きました。このままではいけない、今後変えていきたいと考える経営者は、この本を参考にできていない部分を見つけ、経営やマーケティング活動の改善に取り組んでいただければと思います。

私はコンサルティングを提供しているお客様に、ＹｏｕＴｕｂｅの活用法や使い方を教えてはいますが、それよりも多くの時間を割いてお伝えしているのが考え方の部分です。

経営における考え方を明確にし、どう情報発信をするのかを決め、実践しながら理解していけば、必ずしもＹｏｕＴｕｂｅを使わなくてもうまくいくはずです。

ＹｏｕＴｕｂｅはあくまで手法であり、動画を拡散できるという性質を考えれば使うべきもののひとつではあると思いますが、この手法に固執する必要はないのです。

私が今改めて思うことは、今までとても人に恵まれ、多くの方にたくさんのことを教わり、現在原稿を書いているということです。

中にはこの本を読んだ結果、全く私と合わないと感じた方もいらっしゃると思います。

人には相性がありますのでそれは仕方のないことです。

ただ私から最後にお伝えしたいことは、何かを学ぶときには先生を決めたほうが良いということです。決して私の生徒になってくださいという意味ではありません。

人と人との出会いで、人生は大きく変わっていきます。

私自身ＹｏｕＴｕｂｅを始めた際には、ＹｏｕＴｕｂｅが好きでもありませんでしたし、まさか自分が書籍を出版するとも思っていませんでした。しかし本当に人に恵まれ、いろいろな出会いをした結果、ここまで来ることができました。

今はＹｏｕＴｕｂｅやＳＮＳを活用し、多くの方と出会えるチャンスは増えています。ぜひあなたも多くの方と交流を持ち、その中で興味のある分野を見つけ、先生を探してみてください。


今後ますます寿命は延び、時代の変化も早くなっていきます。

その世の中で生きていくには、社会人になっても学び続けなければなりません。

そして学ぶには、先生が必要です。
私自身20代後半から、ＹｏｕＴｕｂｅを始めるきっかけになった花嫁テレビの泉野社長や伊藤会長、マーケティングについては未来会議で中小企業診断士の細谷先生、心理学はオードリーコーポレーションの井上先生、ウェブについてはＣＤＭの村田さんなどに学んできました。出版に関しては、アームズ・エディションの菅谷さん、インプループの小山さん、スタンダーズの河田さん、スクライブの平さん、またそれ以外にも多くの方がいらっしゃったからこそ、本書を出すことができました。

人生は出会いによって大きく変わってきます。
ぜひともいい出会いを大切にして、たくさんのことを学んでください。
ＹｏｕＴｕｂｅもそのために活用していただければと思っております。
そしてこの本との出会いが、一人でも多くの方のためになることを願っております。

２０２１年5月
酒井 大輔

酒井大輔 Daisuke Sakai

ユーチューブビジネスサポート代表。

YouTube戦略コンサルタント。

独立行政法人 中小企業基盤整備機構 中小企業アドバイザー(人材支援)。

米国NLP™協会認定マスタープラクティショナー。


2008年より結婚式専門YouTubeチャンネル「花嫁テレビ」を開設。

YouTubeビジネスのノウハウがまったくわからない状態から手探りで運用を始め、2021年現在では数千人のチャンネル登録者数と、1200万回以上の総再生回数を誇る。

その後、大手企業、公益社団法人などの多くのYouTubeチャンネルをコンサルティング。また、公的機関などで、YouTubeのビジネス活用セミナーも多く行っている。

YouTubeをビジネスとして活用し、売り上げにつなげていくことのノウハウを、自身のYouTubeチャンネルやブログ、セミナー、SNSなどで日夜伝えている。

Information

最後に私の公式ホームページ、LINE、インスタグラム、そしてYouTubeチャンネルをご紹介します。本書の内容を補足する情報も満載ですので、ぜひアクセスして、お気軽に登録、フォローなどしてみてください。

●公式LINE

https://lin.ee/7W1to3N

不定期でユーチューブにまつわる情報を、発信しています。

●公式インスタグラム

https://www.instagram.com/daisuke.sak/

リアルタイムで、ほぼ1日1投稿。YouTube情報や、プライベートのお話も発信しています。

●公式ホームページ

https://ytbs.jp/

仕事にまつわる情報や、ブログも不定期で更新しています。

●公式YouTubeチャンネル

https://www.youtube.com/channel/UCl6S1dfbDW7ExstgqUXF3UQ

今までのセミナー動画を、公開しています。本書で気になった部分を、チェックしてみてください。

［書籍コーディネート］小山睦男（インプルーブ）
［構成］平 行男（スクライブ）
［ブックデザイン］植竹 裕（UeDESIGN）
［DTP・図版作成］西村光賢

ビジネスYouTubeで売れ！

知識ゼロから動画をつくって販促→集客→売上アップさせる最強のビジネス法則

2021年6月30日　初版第1刷発行

著者　酒井大輔
編集人　河田周平
発行人　佐藤孔建
印刷所　中央精版印刷株式会社
発行　スタンダーズ・プレス株式会社
発売　スタンダーズ株式会社
〒160-0008
東京都新宿区四谷三栄町12-4 竹田ビル3F
営業部　Tel.03-6380-6132　Fax.03-6380-6136

スタンダーズの本

やってる人は稼いでる!
ビジネスYouTube入門
顔出しなしでも始められる最強の販促ツールを使おう!

菅谷信一(YouTube戦略コンサルタント)[著]
価格 1,540円[本体1,400円](税10%)

上手く成功している人の事例を参考にして、YouTubeのビジネス活用を始めましょう。なにも難しい話ではありません。YouTubeの特性を理解して、おいしいところを要領よく利用すればいいのです！YouTubeのメリットを最大限に活用する小さな会社、お店のためのベストなYouTube活用法。